燕鸣经管学术前沿系列丛书

新基建赋能

装备制造业数字化转型研究及河北省的实践

李振军 著

燕山大学出版社
·秦皇岛·

图书在版编目（CIP）数据

新基建赋能装备制造业数字化转型研究及河北省的实
践 / 李振军著. — 秦皇岛 : 燕山大学出版社, 2025.
6. — ISBN 978-7-5761-0806-4

Ⅰ. F426.4

中国国家版本馆CIP数据核字第2025QT1232号

新基建赋能装备制造业数字化转型研究及河北省的实践
XINJIJIAN FUNENG ZHUANGBEIZHIZAOYE SHUZIHUA ZHUANXING YANJIU JI HEBEISHENG DE SHIJIAN

李振军　著

出 版 人：陈　玉			
责任编辑：柯亚莉		封面设计：吴　波	
责任印制：吴　波		排　　版：保定万方数据处理有限公司	
出版发行： 燕山大学出版社 YANSHAN UNIVERSITY PRESS		地　　址：河北省秦皇岛市河北大街西段438号	
邮政编码：066004		电　　话：0335-8387555	
印　　刷：涿州市殷润文化传播有限公司		经　　销：全国新华书店	

开　　本：710mm×1000mm　1/16		印　　张：13.5	字　　数：160千字
版　　次：2025年6月第1版		印　　次：2025年6月第1次印刷	
书　　号：ISBN 978-7-5761-0806-4			
定　　价：68.00元			

本书是河北省社会科学基金项目结项成果

本书获燕山大学经济管理学院学术著作出版资助

前　　言

目前我国正处在加快构建双循环新发展格局，全面推进高质量发展的重要时期。《中华人民共和国国民经济和社会发展第十四个五年规划和2035年远景目标纲要》指出要"畅通国内大循环"，"依托强大国内市场，贯通生产、分配、流通、消费各环节，形成需求牵引供给、供给创造需求的更高水平动态平衡，促进国民经济良性循环"。近年来发展势头较好的数字经济对于双循环新发展格局的构建和高质量发展都有重要的促进作用。数字经济主要可分为数字产业化和产业数字化两个部分，其中的产业数字化是数字经济的主体部分，但数字产业化是数字经济的基础，也对产业数字化有直接、重要的影响。

目前装备制造业仍是我国的支柱产业之一，装备制造业的数字化转型也是目前我国产业数字化的重要组成部分之一，对于双循环新发展格局的构建和高质量发展有重要的促进作用。党的二十大报告指出，坚持把发展经济的着力点放在实体经济上，推进新型工业化，加快建设制造强国、质量强国、航天强国、交通强国、网络强国、数字中国。《中华人民共和国国民经济和社会发展第十四个五年规划和2035年远景目标纲要》也提出要深入实施智能制造和绿色制造工程，发展服务型制造新模式，推动制造业高端化智能化绿色化。装备制造业是我国制造业的主要组成部分之一，其发展状况对构建国内国际双循环发展格局和经济高质量发展都有重要影响。习近平总书记指出：装备制造业是制造业的脊梁，要加大投入、加强研发、加快发展，努力占领世界制高点、掌控技术话语权，使我国成为现代装备制造业大国。以自主研发打造国之重器，以创新驱动推动装备制造业高质量发展，可以更好地推动实现我国制造强国梦①。

新型基础设施作为数字产业化的重要组成部分对装备制造业的数字化转型有重要的影响。《中华人民共和国国民经济和社会发展第十四个五年规划和 2035 年远景目标纲要》提出要强化基础设施支撑引领作用，构建实体经济、科技创新、现代金融、人力资源协同发展的现代产业体系。

而目前我国新型基础设施建设（简称新基建）还有待进一步加强和优化。《中华人民共和国国民经济和社会发展第十四个五年规划和 2035 年远景目标纲要》第十一章的标题就是建设现代化基础设施体系。该章内容强调要统筹推进传统基础设施和新型基础设施建设，打造系统完备、高效实用、智能绿色、安全可靠的现代化基础设施体系。

"十四五"时期是我国全面建成小康社会之后，乘势而上开启全面建设社会主义现代化国家新征程的第一个五年，也是建设网络强国和数字中国、推进信息通信行业高质量发展的关键时期。为贯彻落实《中华人民共和国国民经济和社会发展第十四个五年规划和 2035 年远景目标纲要》，指导信息通信行业

---

① 中央党校（国家行政学院）中青二班五支部调研组：《以创新驱动推动装备制造业高质量发展》，https://baijiahao. baidu. com/s? id = 1653848640586420187&wfr = spider&for = pc.

未来五年发展，工业和信息化部制定了《"十四五"信息通信行业发展规划》。该发展规划提出了我国信息通信行业发展的近期目标：到 2025 年，信息通信行业整体规模进一步壮大，发展质量显著提升，基本建成高速泛在、集成互联、智能绿色、安全可靠的新型数字基础设施，创新能力大幅增强，新兴业态蓬勃发展，赋能经济社会数字化转型升级的能力全面提升，成为建设制造强国、网络强国、数字中国的坚强柱石①。上述信息通信行业的近期发展目标中对新型数字基础设施和信息通信行业赋能经济社会数字化转型升级等也都作出了规划。

国家发展改革委办公厅、国家数据局综合司印发的《数字经济 2024 年工作要点》，对 2024 年的数字经济重点工作作出了部署。该工作要点提出了九项主要举措，这里仅列出与本书研究内容直接相关的前四项举措。一是适度超前布局数字基础设施，深入推进信息通信网络建设，加快建设全国一体化算力网，全面发展数据基础设施。二是加快构建数据基础制度，推动落实"数据二十条"，加大公共数据开发开放力度，释放数据要素价值。三是深入推进产业数字化转型，深化制造业智改数转网联，大力推进重点领域数字化转型，营造数字化转型生态。四是加快推动数字技术创新突破，深化关键核心技术自主创新，提升核心产业竞争力，大力培育新业态新模式，打造数字产业集群②。

从上述工作要点可看出，新型（数字）基础设施建设被列

---

① 工业和信息化部：《"十四五"信息通信行业发展规划》，2021 年 11 月，第 8 页。
② 国家发展改革委办公厅、国家数据局综合司：《数字经济 2024 年工作要点》，https://finance.sina.com.cn/money/future/wemedia/2024-05-07/doc-inaukcyp1990 402. shtml。

为 2024 年数字经济发展九个主要举措的第一项，而推进包括制造业智改数转在内的产业数字化转型也被列为第三项主要举措，可见这两项工作的重要性。而其他两项主要举措（第二项和第四项）也与新基建和企业数字化转型密切相关。

当然，目前我国包括新基建和企业数字化转型等在内的数字经济的发展已具备了坚实的基础且发展势头良好。例如，《数字中国发展报告（2023 年）》就显示，目前数字中国的数据底座更加坚实，数字技术创新更加活跃，数字基础设施发展水平持续领跑全球，数字人才队伍建设步伐加快，数字中国的发展根基更加夯实[①]。未来一段时期我国通过新基建来促进企业数字化转型将不断取得新进步。

特别说明：依据本书第二章第一节对新基建（新型基础设施建设）、（新型）信息基础设施、数字基础设施等概念的介绍可知，虽然目前对这几个概念的界定还存在着一些分歧或争议，但大致可以认为，（新型）信息基础设施是新型基础设施最主要的组成部分，也是其核心部分，而数字基础设施包含的范围大致等同于（新型）信息基础设施，所以也可以大致看作是新型基础设施的核心组成部分。鉴于这种关系，本书中涉及的数字基础设施建设、（新型）信息基础设施建设等可大致等同于新基建（新型基础设施建设），至少可以在很大程度上代表新基建。另外，新型基础设施中与装备制造业数字化转型关系最为密切的是工业互联网，所以在本书中，相较于其他新型基础设施，工业互联网的分析占了最大的篇幅。还需要说明的是，

---

① 国家数据局：《数字中国发展报告（2023 年）》，2024 年 6 月，第 2 页。

现代网络基础设施建设是（新型）信息基础建设的主要组成部分，从而也是新基建的主要组成部分之一，所以本书中有时也用网络基础设施建设来反映新基建的状况。

本书为2021年度河北省社会科学基金项目"双循环下河北新型信息基础设施投资赋能装备制造业数字化转型研究"（项目批准号：HB21YJ038）的结项成果。

目　录

第一章

双循环下的制造业数字化转型与新基建

如本书前言所述，目前，我国仍处于加快构建双循环新发展格局的重要时期。党的二十大报告指出：必须完整、准确、全面贯彻新发展理念，坚持社会主义市场经济改革方向，坚持高水平对外开放，加快构建以国内大循环为主体、国内国际双循环相互促进的新发展格局。《中华人民共和国国民经济和社会发展第十四个五年规划和2035年远景目标纲要》也提出要"促进国内国际双循环"，"立足国内大循环，协同推进强大国内市场和贸易强国建设，形成全球资源要素强大引力场，促进内需和外需、进口和出口、引进外资和对外投资协调发展，加快培育参与国际合作和竞争新优势"。

第一节　制造业数字化转型、新基建与双循环

数字经济对双循环的畅通和国民经济的复苏有重要的促进作用。制造业数字化转型和新基建都是数字经济的重要组成部分，所以它们都可促进双循环的畅通和国民经济的复苏。其实，理论分析和实践经验都可证实，即使分开来看，制造业数字化转型和新基建也分别对双循环的畅通和国民经济的复苏有显著

的促进作用。我国双循环新发展格局下的经济发展是高质量发展，新质生产力的发展也是其重要特征。而制造业数字化转型和新基建同样可对经济高质量发展和新质生产力的发展起到明显的促进作用。

一、数字经济可促进经济复苏

促进双循环的最终目的是提升经济增长的速度和质量。近年来，受国际形势和国内经济结构调整的影响，我国的经济增长在需求方面略显疲软，供给方面的结构调整也遇到了一些困难，双循环的循环速度尚未达到理想状态。但根据近年国内外的一些经验，包括企业数字化转型和新基建等在内的数字经济对目前经济的复苏有较强的促进作用，也有利于加快双循环的运转。

2024 年初中国信息通信研究院发布的一份名为《全球数字经济白皮书（2023 年)》的研究报告发现数字经济为全球经济的复苏提供了重要支撑。该研究报告指出：当前，新一轮科技革命和产业变革为各国带来了新的发展机遇，数字经济发展势头仍较为强劲，发展潜力加快释放，成为推动各国经济复苏的重要力量。该报告为揭示全球数字经济发展的动向和态势，对全球主要国家的数字经济发展情况进行了量化分析。所统计分析的国家包括爱尔兰、爱沙尼亚、奥地利、澳大利亚、巴西、保加利亚、比利时、波兰、丹麦、德国、俄罗斯、法国、芬兰、韩国、荷兰、加拿大、捷克、克罗地亚、拉脱维亚、立陶宛、卢森堡、罗马尼亚、马来西亚、美国、墨西哥、南非、挪威、葡萄牙、日本、瑞典、瑞士、塞浦路斯、斯洛伐克、斯洛文尼亚、泰国、土耳其、西班牙、希腊、新加坡、新西兰、匈牙利、意大利、印度、印度尼西亚、英国、越南、中国、菲律宾、沙特阿拉伯、以色列、老挝等 51 个国家。该研究得出了以下结论[①]:

（一）全球数字经济规模持续扩张

各主要国家纷纷把数字经济作为应对疫情冲击、提升经济发展能力的重要手段，加快发展半导体、人工智能、数字基础设施、电子商务、电子政务等，全球数字经济迎来新一轮发展热潮。2022 年，全球 51 个主要经济体数字经济规模为 41.4 万亿美元，而上年同比口径规模为 38.6 万亿美元，2022 年较上年增长了 2.9 万亿美元，数字经济发展活力持续释放。

（二）数字经济成为全球经济发展的重要支撑

传统基础设施、资金、土地、劳动力等是支撑传统经济增长的主要动力来源。当前，全球范围内传统生产经营方式正在发生深刻变革，数字化基础设施、智能化生产线、智能机器人、数据要素等逐渐成为经济发展的主要动力来源，有效支撑了经济的持续稳定发展。2022 年，全球 51 个主要经济体数字经济占 GDP 比重为 46.1%，而上年同比口径为 44.3%，同比提升了 1.8 个百分点，数字经济在国民经济中的地位稳步提升。

（三）数字经济成为全球经济增长的活力所在

数字经济发展创新活跃，新模式、新业态持续涌现，持续为全球经济平稳回升注入动力。2022 年，全球 51 个主要经济体

[①] 中国信息通信研究院：《全球数字经济白皮书（2023 年）》，2024 年 1 月，第 15—17 页。

数字经济同比名义增长 7.4%，高于同期 GDP 名义增速 4.2 个百分点，有效支撑了全球经济的持续复苏。

（四）全球三二一产数字经济持续渗透

受行业属性等因素影响，从全球看，数字技术在传统产业的应用率先在第三产业爆发，数字化效果最显著；在第二产业的应用效果有待持续释放；在第一产业的应用受到自然条件、土地资源等因素限制，仍需探索更加适合的数字化解决方案。2022 年，全球 51 个主要经济体第三、二、一产业数字经济增加值占行业增加值比重分别为 45.7%、24.7% 和 9.1%，分别较上一年提升 0.7、0.5 和 0.2 个百分点。

二、数字化产业对经济的拉动作用不断增强

有研究显示，近年来我国包括部分装备制造业在内的数字化程度较高的产业对国民经济的拉动作用不断增强。2012—2022 年，仪器仪表、金融、科学研究、通用设备、专用设备等高度、中高度及中度数字化产业对国民经济年发展的整体拉动作用逐渐增大，对社会生产的辐射作用持续增强。从产业周期的角度看，数字经济产业成为支撑我国经济复苏的重要动力。从历史周期看，每逢我国国民经济下行承压期，数字经济产业均波动上升，显示出较强的产业韧性与辐射带动作用，具有明显的"逆周期性"，能引领经济恢复发展[1]。

---

[1] 杭州数字经济联合会：《〈中国数字经济产业发展研究报告（2023）〉：产业数字化占数字经济比重提升至 81.7%》，https://mp.weixin.qq.com/s?__biz=MzU5MDc0NjU4Mg==&mid=2247560472&idx=4&sn=ab09e06054e063224aec03fb4026119d。

三、中国装备制造业对外循环有重要促进作用

中国制造业在参与全球价值链（GVC，Global Value Chains）分工中存在着突出的问题：一是长期以来中国制造业以加工贸易为主参与到 GVC 中，可获得的实际贸易利得较低；发达国家牢牢掌控价值链上游的研发、设计与下游的营销等中高端环节，中国制造业面临"低端锁定"的困境，难以在原有的价值链基础上向高端环节攀升。二是以美国为首的发达国家为了重振国内实体经济，相继提出了"先进制造业""工业4.0"等战略，通过加大贸易保护等手段鼓励本国制造业回流。同时越南、柬埔寨等新兴市场凭借廉价劳动力等优势对我国进行"中低端分流"，中国在 GVC 中的传统竞争优势逐步被削弱。三是随着我国经济发展进入新常态，国内制造业面临着产能严重过剩的问题。国际经贸格局的重大变革导致我国利用传统优势参与全球价值链的空间越来越小，面对全球经济发展趋势的不确定性和国内经济发展需求，价值链重构已成为中国制造业摆脱价值链低端锁定并向高端突破和跃迁的必经之路。在此背景下，"一带一路"倡议的提出，着力促进共建区域在交通、能源、基础设施建设等方面的沟通与合作，在基础设施提升的基础上进一步促进沿线要素市场的有序配置和产业的合理布局，顺应了全球价值链区域化发展的趋势，为中国与周边新兴国家共同建设区域价值链提供了有力支持。经过多年发展，中国装备制造业在国际市场的实力不断提升，已具备了一定的比较优势。在"一带一路"区域内，凭借在创新、技术、资金、需求等方面的引领作用，可积极建立起中国主导的装备制造业区域

分工体系，构筑"新型雁群模式"①。

"一带一路"共建国家基础设施建设的市场需求占到全球市场的30%左右，总规模超过了1万亿美元，这为我国装备制造产品"走出去"提供了新的市场机遇，能够在一定程度上缓解我国在未来一段时间内产能过剩的问题。随着"一带一路"建设的推进，共建国家对装备制造产品的市场需求快速增长，而我国装备制造产品经过50多年的发展，在规模和技术等方面已经具备了一定的国际竞争力。装备制造产品是我国重要的对外贸易产品，近些年来我国装备制造产品的出口规模在不断扩大。在过去10年间我国对共建国家无论是在商品总出口还是在装备制造产品的出口方面都呈上升态势②。

四、新基建可促进双循环畅通

2020年4月国家发展改革委（简称发改委）首次明确的新型基础设施的定义为：以新发展理念为引领，以技术创新为驱动，以信息网络为基础，面向高质量发展需要，提供数字转型、智能升级、融合创新等服务的基础设施体系③。在此定义中明确提到新型基础设施就是"提供数字转型、智能升级、融合创新等服务的基础设施体系"。可见新型基础设施的主要作用之一就是通过促进数字化转型等最终为高质量发展服务。而双循环新

---

① 李焱、高雅雪、黄庆波：《中国与"一带一路"国家区域价值链协同构建——来自装备制造业的证据》，《国际贸易》2020年第1期，第4—14页。
② 胡颖、郭秋硕：《我国对"一带一路"沿线国家装备制造业出口现状及贸易潜力研究》，《对外经贸实务》2022年第5期，第56—62页。
③ 《国家发改委首次明确"新基建"范围》，https://m.mofcom.gov.cn/article/i/jyjl/e/202004/20200402957398.shtml。

发展格局也是为高质量发展服务的。下面我们具体分析新基建对双循环畅通的促进作用。

在 2024 年世界电信和信息社会日大会上，工业和信息化部党组成员、副部长张云明表示：我们谋划推进数字基础设施体系现代化，以信息高速流通助力经济循环畅通。建成全球规模最大、技术领先的 5G 网络，千兆光网、算力、卫星、量子等新型设施加快布局，算力规模位居全球第二，网间通信质量、主要性能指标均达到国际领先水平。数字基础设施在强化供给的同时，不断孕育数字经济新业态、新模式，持续激发投资活力和消费潜力，实现供给创造需求、需求牵引供给的动态平衡，助力国民经济良性循环[①]。

有分析认为，新基建不断提高打造高效能新场景水平，是推进双循环发展，全面实现基础设施现代化蓄势赋能的物质技术基础，它不断转化成的强大基础设施力为双循环决定的经济社会高层次高质量发展提供不可替代的基础设施保障[②]。还有研究认为，在新发展阶段，现代化基础设施体系建设是构建双循环新发展格局的关键举措，依托传统和新型基础设施融合新动能促进双循环协调发展，对推动经济高质量发展具有重要现实意义。基于此，该研究者基于中国 2008 到 2022 年的省域面板数据，在测度传统和新型基础设施融合度及双循环协调发展水平的基础上，系统考察了传统和新型基础设施融合对双循环协调发展的影响及作用机制。其测算结果显示，中国传统和新型

---

① 黄鑫：《推进数字基础设施体系现代化》，《经济日报》2024 年 5 月 22 日，第 6 版。

② 郭先登：《论"双循环"的区域经济发展新格局——兼论"十四五"及后两个规划期接续运行指向》，《经济与管理评论》2021 年第 1 期，第 23—37 页。

基础设施融合度呈现逐年增长趋势，但还有较大提升空间；中国国内循环发展水平以良好态势提升，而外循环发展水平较低且增速缓慢，抑制了双循环协调发展水平提升。该研究发现：第一，传统和新型基础设施融合显著促进了双循环协调发展，经过替换被解释变量和基准计量模型后结果依然稳健；第二，在作用机制方面，资源配置和产业升级是传统和新型基础设施融合促进双循环协调发展的重要机制，传统和新型基础设施既可以通过抑制资本错配和劳动错配推动双循环协调发展，又可以通过推动产业结构合理化和产业结构高级化来促进双循环协调发展。当然，传统和新型基础设施融合度对双循环协调发展的促进效果还取决于区域经济条件。上述研究的异质性分析就显示，传统和新型基础设施融合在东部、中部和西部地区均能显著促进双循环协调发展，且在东部地区表现出更强的促进作用，但传统和新型基础设施融合在东北地区对双循环协调发展的影响不显著。原因可能在于，东部地区拥有较高的经济发展水平和优越的要素资源，使其具有更强的对外贸易优势和产业价值链、供应链韧性，传统和新型基础设施在高效的发展环境中加速融合，为畅通经济循环提供了重要保障，使其对双循环协调发展的赋能作用更加明显；而东北地区由于产业结构单一、人才等资源要素流失严重，难以给传统和新型基础设施融合提供良好的发展环境，因而东北地区传统和新型基础设施融合增速低于全国其他地区①。

---

① 潘雅茹、龙理敏：《传统和新型基础设施融合赋能双循环协调发展：测度与机制》，《改革》2024 年第 7 期，第 95—110 页。

第二节　制造业数字化转型、新基建与高质量发展

党的二十大报告指出："高质量发展是全面建设社会主义现代化国家的首要任务。发展是党执政兴国的第一要务。没有坚实的物质技术基础，就不可能全面建成社会主义现代化强国。"双循环新发展格局下的经济发展就是高质量发展，高质量发展与双循环新发展格局密切相关。党的二十大报告还提出："我们要坚持以推动高质量发展为主题，把实施扩大内需战略同深化供给侧结构性改革有机结合起来，增强国内大循环内生动力和可靠性，提升国际循环质量和水平。"

一、二者都是促进高质量发展的重要手段

2024 年 7 月发布的《中共中央关于进一步全面深化改革推进中国式现代化的决定》提出："高质量发展是全面建设社会主义现代化国家的首要任务"，"必须以新发展理念引领改革，立足新发展阶段，深化供给侧结构性改革，完善推动高质量发展激励约束机制，塑造发展新动能新优势"。该《决定》所提出的健全推动经济高质量发展体制机制的五项主要举措的第二项，即健全促进实体经济和数字经济深度融合制度，便与制造业数字化转型直接相关，该项内容提出要"加快推进新型工业化，培育壮大先进制造业集群，推动制造业高端化、智能化、绿色化发展"，"加快构建促进数字经济发展体制机制，完善促进数字产业化和产业数字化政策体系"。而第五项，即健全

现代化基础设施建设体制机制，则与新基建直接相关，该项内容提出要"构建新型基础设施规划和标准体系，健全新型基础设施融合利用机制"。

二、装备制造业数字化转型有利于高质量发展

高质量发展的首要特征就是创新水平的提高，而企业数字化转型可以促进企业创新水平的提高，也就可促进其高质量发展。有研究者在构建装备制造业高质量发展评价指标体系的基础上，利用熵权法对中国装备制造业及其子行业的高质量发展水平和演变趋势进行了测度分析，并通过计量模型对其影响因素进行了检验。研究发现：样本考察期内，装备制造业高质量发展水平呈现波动上升趋势，其中电子设备制造业是高质量发展指数排名第一的子行业，仪器仪表制造业则是增幅最大的子行业；装备制造业高质量发展水平受到智能制造水平、市场化程度、生产性服务业发展水平、环境规制强度等因素的显著作用，金融发展对装备制造业高质量发展的影响尚未彰显[①]。

三、新基建可促进高质量发展

工业和信息化部发布的《"十四五"信息通信行业发展规划》指出：我国已转向高质量发展阶段，继续向前发展具备多方面的优势和有利条件，但同时也应看到，我国经济发展不平

---

① 贺子欣、惠宁：《中国装备制造业高质量发展的测度及影响因素研究》，《中国科技论坛》2023 年第 4 期，第 82—92 页。

衡、不充分的问题仍然比较突出。以后向高质量发展阶段迈进需要更多地依靠创新来推动经济发展的质量变革、效率变革和动力变革。而（新型）数字基础设施是发挥投资带动作用、促进形成强大国内市场、驱动新一轮内生性增长的新动能。系统布局新型数字基础设施，夯实数字社会新底座，对于满足人民美好生活需要、深化供给侧结构性改革、推动高质量发展具有重要意义①。

如前所述，2020年4月国家发改委首次明确的新型基础设施的定义为以新发展理念为引领，以技术创新为驱动，以信息网络为基础，面向高质量发展需要，提供数字转型、智能升级、融合创新等服务的基础设施体系②。在此定义中明确提到新型基础设施就是"面向高质量发展需要"的，可见新型基础设施和数字化转型都是为高质量发展服务的，其发展要符合高质量发展的需要。

有研究者以2011—2021年中国除西藏及港澳台地区外30个省份为样本，探究了新基建对区域创新创业活跃度的影响及作用机制。该研究发现，新型基础设施具有显著的创新创业促进效应，该效应在制造业与服务业中、信息基建与创新基建维度、处于较低市场潜能分位点的地区中更为明显。作用机制研究表明，除劳动力市场一体化的调节作用不显著外，商品和资本市场一体化、区域创新关联，均对新基建的创新创业促进效应具有显著强化作用。进一步的研究还发现，新基建对创新创

---

① 工业和信息化部：《"十四五"信息通信行业发展规划》，2021年11月，第4页。
② 《国家发改委首次明确"新基建"范围》，https://m.mofcom.gov.cn/article/i/jyjl/e/202004/20200402957398.shtml。

业活跃度的影响存在"抑制—促进—减缓"的门槛特征①。

第三节 制造业数字化转型、新基建与新质生产力

一、新质生产力

习近平总书记 2024 年 1 月 31 日在二十届中央政治局第十一次集体学习时发表了重要讲话，他在讲话中再次阐释了新质生产力的基本含义。他说："什么是新质生产力、如何发展新质生产力？我一直在思考，也注意到学术界的一些研究成果。概括地说，新质生产力是创新起主导作用，摆脱传统经济增长方式、生产力发展路径，具有高科技、高效能、高质量特征，符合新发展理念的先进生产力质态。它由技术革命性突破、生产要素创新性配置、产业深度转型升级而催生，以劳动者、劳动资料、劳动对象及其优化组合的跃升为基本内涵，以全要素生产率大幅提升为核心标志，特点是创新，关键在质优，本质是先进生产力。"同时他还指出：发展新质生产力是推动高质量发展的内在要求和重要着力点②。

2024 年 7 月发布的《中共中央关于进一步全面深化改革推进中国式现代化的决定》所提出的健全推动经济高质量

---

① 王亚飞、石铭、刘静、黄欢欢：《新型基础设施建设对区域创新创业活跃度的影响研究》，《管理学报》2024 年第 5 期，第 711—722 页。

② 习近平：《发展新质生产力是推动高质量发展的内在要求和重要着力点》，https://www.gov.cn/yaowen/liebiao/202405/content_ 6954761. htm。

发展体制机制的五项主要举措的第一项便是要健全因地制宜发展新质生产力体制机制。具体要求中提到了要"推动技术革命性突破、生产要素创新性配置、产业深度转型升级，推动劳动者、劳动资料、劳动对象优化组合和更新跃升，催生新产业、新模式、新动能，发展以高技术、高效能、高质量为特征的生产力"。新质生产力也是高质量发展的重要组成部分，在很多情况下新基建便可通过新质生产力来促进高质量发展。

二、企业数字化转型对新质生产力的促进作用

有研究者基于数字化转型赋能新质生产力提升的深层逻辑，探究了数字化转型对企业新质生产力的影响、作用机制及异质性特征。该研究发现：（1）数字化转型对企业新质生产力的发展具有显著的正向影响，数字化转型带来的技术创新与管理创新满足了新质生产力的催生条件；（2）不同特征的企业数字化转型对新质生产力的发展存在异质性，相对于其他类型企业，数字化转型更加有利于提升技术密集型企业、东部企业、国有企业的新质生产力，这有助于企业深刻理解新质生产力的特征并助力企业提升新质生产力；（3）机制检验结果显示，数字化转型主要通过技术创新与管理创新两个渠道促进企业新质生产力的发展，技术创新是新质生产力发展的底层支撑，而管理创新为技术创新提供了制度保障[①]。还有研究者实证分析了数智化

[①] 张慧智、李犀尧：《数字化转型对企业新质生产力的影响》，《工业技术经济》2024年第6期，第12—19页。

转型对企业新质生产力的影响及异质性特征，并对吸收能力的中介作用和市场竞争强度的调节作用进行了检验。该研究发现：（1）数智化转型对企业新质生产力水平的提升有显著影响；（2）吸收能力在数智化转型与企业新质生产力关系间发挥中介作用；（3）市场竞争强度在数智化转型与企业新质生产力关系间发挥正向调节作用[1]。

数字经济通过数据要素驱动、数实融合和新旧动能转换机制推动新质生产力的涌现。具体地说，数字经济通过充分发挥产品市场与要素市场上数据要素的乘数效应、通过数实融合实现数字产业化和产业数字化的规模效应、通过释放旧动能和新动能的增长效应，加快传统生产要素向新质生产要素转变，促进企业以满足消费者新质需求和研发新质产品为目标，进行集成创新、数字创新、自发创新及颠覆式创新，形成新质技术，从而驱动新质生产力的涌现[2]。

三、新基建对新质生产力的促进作用

有实证研究发现，在微观机理方面，数字基础设施政策可通过培育企业数字技术能力、提高要素配置效率来解决企业数字化面临的市场失灵问题[3]。还有文章构建了包含两个生产部门的动态一般均衡模型，用于代表不同产业或同一产业内的不同

---

[1] 张秀娥、王卫、于泳波：《数智化转型对企业新质生产力的影响研究》，《科学学研究》2024 年第 5 期，第 1—18 页。

[2] 王艳、柯倩、郭玥玥：《数字经济驱动新质生产力涌现的理论逻辑》，《陕西师范大学学报（哲学社会科学版）》2024 年第 3 期，第 26—38 页。

[3] 汤蕴懿、李方卓：《数字基础设施政策赋能企业数字化转型：演进逻辑和政策取向》，《求是学刊》2024 年第 2 期，第 59—68 页。

企业。每个部门将数据作为新生产要素，将新型基础设施作为数据扩展型技术，与传统生产要素结合形成新的生产函数。该研究发现：在同一产业内部，由于不同企业间的产品替代弹性较高，数据要素和新型基础设施导致资本和劳动力流向数据利用效率高的企业，优化了生产要素配置，推动了整个产业的数字化转型[①]。也有研究者基于"宽带中国"战略的准自然实验，构建了多期双重差分模型，以实证检验数字基础设施建设对企业新质生产力的影响。研究结果显示，数字基础设施建设有助于提高企业新质生产力水平。在进行安慰剂检验、内生性处理等多重稳健性检验后，此结论均未发生改变。机制作用检验结果显示，提高企业数据要素利用水平以及促进数字金融发展是数字基础设施建设促进企业新质生产力发展的两个显著机制。异质性分析发现，数字基础设施建设对企业新质生产力的作用效果在企业技术类型、行业类型以及面临的融资约束力度方面均存在差异性表现。具体来看，相对于非高技术企业，数字基础设施建设对高技术企业新质生产力的推动作用更强；相对于非制造业企业，数字基础设施建设对制造业企业新质生产力水平的提升作用更大；相对于高融资约束的企业，数字基础设施建设更有利于提升低融资约束的企业新质生产力水平[②]。

---

① 朱晓武、魏文石、王靖雯：《数据要素、新型基础设施与产业结构调整路径》，《南方经济》2024 年第 1 期，第 107—123 页。

② 段钢、刘贤铤、黄悦：《数字基础设施建设如何影响企业新质生产力发展》，《金融与经济》2024 年第 11 期，第 36—48 页。

第四节　制造业数字化转型、新基建与
"三重压力"

　　受世界经济环境、经济周期以及新冠疫情等因素影响，近年来我国经济复苏仍略显乏力。2021 年底的中央经济工作会议首次提出了我国经济发展面临着需求收缩、供给冲击和预期转弱的"三重压力"。2022 年底的中央经济工作会议再次强调：当前我国经济恢复的基础尚不牢固，需求收缩、供给冲击、预期转弱"三重压力"仍然较大。2023 年底的中央经济工作会议也指出目前我国经济回升向好，但仍需克服一些困难和挑战，而这些困难和挑战中就包括有效需求不足、部分行业产能过剩和社会预期偏弱等。

　　我国目前的需求收缩压力主要表现为消费需求恢复较乏力，投资需求仍显不振，出口需求面临走弱趋势等。供给冲击指的是生产要素价格等因素的变动导致生产成本或生产能力发生了变化，进而对供给总量或结构产生了影响。一些研究者分析了其具体体现①。预期转弱压力主要表现为民众普遍对经济发展形势、就业、收入增长等信心不足，这也会加剧目前和未来的需求收缩压力。

　　从需求的角度看，在经济面临下行压力的情况下，基础设施投资通常被包括我国在内的一些国家作为重要的应对手段之

---

① 徐政、姬晨阳、赵子衡、林朝阳：《"三重压力"下的经济发展：表现、根源与路径》，《华东经济管理》2022 年第 11 期，第 9—16 页。

一。基础设施投资不仅是直接投资的一个重要组成部分，而且可以通过促进其他产业的投资（例如制造业等传统产业的数字化转型投资）来间接拉动总投资以及通过改善消费环境来促进消费。2021 年底的中央经济工作会议就把"适度超前开展基础设施投资"作为应对"三重压力"的一个重要举措。基础设施可以分为传统基础设施和新型基础设施。目前我国一些传统基础设施投资已趋近饱和，而数字经济正保持着较好的发展势头，所以这次中央经济工作会议上提出的要"适度超前"开展的基础设施投资应该包括部分传统基础设施投资和作为数字经济基础的新型基础设施投资。2023 年底的中央经济工作会议也把新型基础设施列为政府投资的主要组成部分之一。

从供给的角度看，供给冲击本身其实可看作是一个中性词。供给冲击可以是对经济增长有利的冲击，也可以是对经济增长不利的冲击，只不过多数情况下人们讨论的供给冲击都是对经济增长不利的冲击，上述几次中央经济工作会议也是如此。而对经济增长有利的供给冲击（可称为正向的供给冲击）可以比较有效地应对上述那些对经济增长不利的供给冲击（可称为负向的供给冲击）。一般来说，正向的供给冲击主要表现为可以降低供给成本或提高供给效率的因素（例如技术进步和结构调整等）的影响，而企业数字化转型作为数字经济的主要组成部分之一正是目前可以产生正向供给冲击的一个重要因素。中国财科院"企业成本"调研"问卷设计与分析"专题组以"企业成本"问卷调查为基础全面剖析了"三重压力"下我国企业的经营状况与成本变动，提出的应对策略中就包括推进企业的数字化转型等①。

从预期的角度看，作为很有发展潜力的新经济形式，数字经济的发展可以在一定程度上提振民众对未来经济发展的预期。而新基建和企业数字化转型都属于数字经济的重要组成部分，所以可以对提振民众的预期有一定的促进作用。习近平总书记在 2022 年底的中央经济工作会议上就指出：当前民间投资预期较弱，政府投资必须要发挥好引导作用，这是应对经济周期性波动的有力工具。政府投资要在打基础、利长远、补短板、调结构上加大力度，加强交通、能源、水利、农业、信息等基础设施建设②。

总体来看，以新基建和企业数字化转型为重要组成部分的数字经济对"三重压力"下我国经济增长的恢复有重要的促进作用。例如，2023 年 8 月中国信息通信研究院发布的《中国数字经济产业发展研究报告（2023）》就显示：数字经济产业已经成为支撑我国经济复苏的重要动力；在我国国民经济的下行承压期，数字经济产业具有明显的"逆周期性"，可以引领经济的恢复发展③。

---

① 中国财科院"企业成本"调研"问卷设计与分析"专题组：《"三重压力"下我国企业的成本变动及面临的挑战——基于微观调查数据的分析》，《财政科学》2023年第 5 期，第 11—23 页。
② 习近平：《当前经济工作的几个重大问题》，《中国经济评论》2023 年第 1 期，第 10—12 页。
③ 苏德悦：《〈中国数字经济产业发展研究报告（2023）〉：数字经济具有明显的"逆周期性"引领经济恢复发展》，https://www.cnii.com.cn/rmydb/202308/t20230816_496138.html。

第二章

新基建赋能装备制造业
数字化转型的机理

第一节　相关概念释义

一、数字经济

　　数字经济是以数字化的知识和信息作为关键生产要素，以数字技术为核心驱动力量，以现代信息网络为重要载体，通过数字技术与实体经济深度融合，不断提高经济社会的数字化、网络化、智能化水平，加速重构经济发展与治理模式的新型经济形态。具体包括四大部分：一是数字产业化，即信息通信产业，具体包括电子信息制造业、电信业、软件和信息技术服务业、互联网行业等；二是产业数字化，即传统产业应用数字技术所带来的产出增加和效率提升部分，包括但不限于智能制造、车联网、平台经济等融合型新产业新模式新业态；三是数字化治理，包括但不限于多元治理，以"数字技术＋治理"为典型特征的技管结合，以及数字化公共服务等；四是数据价值化，包括但不限于数据采集、数据标准、数据确权、数据标注、数据定价、数据交易、数据流转、数据保护等①。

从数字经济的内涵就可看出，新基建和数字化转型都是数字经济的重要组成部分。很多数字经济的实践也体现了这种关系，从近年国际有关实践来看，（新型）数字基础设施经常是各国发展数字经济的一个重要组成部分。例如，一份对 51 个国家相关数据的量化分析显示：新一轮科技革命和产业变革为各国带来了新的发展机遇，数字经济发展势头仍较为强劲，发展潜力加快释放，已成为推动各国经济复苏的重要力量。在总量方面，全球数字经济规模持续扩张。各主要国家纷纷把数字经济作为应对疫情冲击、提升经济发展能力的重要手段，加快发展半导体、人工智能、数字基础设施、电子商务、电子政务等②。

二、装备制造业数字化转型方面的几个概念

（一）制造业数字化转型

对于制造业数字化的内涵，学者们有不同的看法。有学者认为，制造业数字化转型是在自动化、信息化的基础上，通过引入大数据、云计算等数字技术，在生产制造的每个环节实现精准管理，从而优化生产流程，使企业资源配置达到最优③。而国务院发展研究中心"我国数字经济发展与政策研究"课题组定义的数字化转型涵盖范围更广，课题组认为数字化转型主要

---

① 中国信息通信研究院：《全球数字经济白皮书（2023 年）》，2024 年 1 月，第 1 页。
② 中国信息通信研究院：《全球数字经济白皮书（2023 年）》，2024 年 1 月，第 15 页。
③ 孟凡生、赵刚：《传统制造向智能制造发展影响因素研究》，《科技进步与对策》2018 年第 1 期，第 66—72 页。

是指企业通过引入数字技术进行改造，使工业从1.0、2.0阶段跃迁到3.0阶段，但同时也包括已实现自动化、信息化的企业利用数字技术实现网络化、智能化①。刘军梅、谢霓裳则认为，制造业数字化转型有狭义和广义之分：狭义的数字化转型是指从工业3.0阶段向工业4.0阶段转变的过程，即在已实现信息化②的基础上，通过应用大数据、云计算等技术，将业务生产信息进行数字化储存、处理和计算，从而在数字化③的基础上实现智能决策和个性化生产，即实现智能化④；而广义的数字化转型则是在以上概念的基础上，还同时包括企业通过信息化改造实现工业3.0的阶段。狭义的数字化转型更适用于大多数发达国家，广义的数字化转型则比较符合广大发展中国家的国情。这是因为，虽然从发达国家的工业演进看，自动化、数字化和智能化三者的逻辑顺序是先有自动化，再有数字化，最终实现智能化，但在发展中国家的实践中，信息化和数字化的先后顺序并不是绝对的。特别是在中国，许多中小型工业企业并未实现信息化，甚至部分企业还未实现完全的自动化生产，在这一背

① 国务院发展研究中心"我国数字经济发展与政策研究"课题组：《我国制造业数字化转型的特点、问题与对策》，《发展研究》2019年第6期，第9—10页。

② 信息化指将企业的采购记录、生产过程、物料流动及使用、交易信息等日常业务流程通过各种信息系统记录成信息资源，便于企业各层级了解业务信息，合理配置资源，提高效率，并最大程度地获得经济效益。

③ 数字化是在信息化的基础上，即在信息系统记录大量信息之后，将这些信息转变为可以度量、计算的数据，并根据企业的业务流程逻辑建立模型，在计算机系统里虚拟仿真出物理系统，进行模拟运行，有助于优化决策。

④ 智能化是指在物联网、大数据、云计算和人工智能等技术的支持下，通过与设备、环境的信息交互，系统直接进行智能决策，并指挥相应的部门执行决策，降低管理人员的决策难度，提高决策效率。

景下，脱离信息化改造而单纯谈数字化转型是不现实的。因此，刘军梅、谢霓裳所理解的未来工厂①是生产自动化、运行数字化和决策智能化这三个内涵的交织，且在时间上没有绝对的先后之分。在现有的技术条件下，中国制造业的数字化转型完全可以实现信息化和数字化的同时并进②。姜卫民、郑琼洁、曹劲松也给出了一个制造业数字化转型的定义，他们认为制造业数字化转型是制造业企业利用数字技术和数据资源，对生产过程、产品形态、商业模式、组织结构等进行深度变革，提升企业的质量、效率、创新力和竞争力的过程。制造业企业数字化转型从本质上来看，是将数字技术覆盖制造业企业的设计、生产、管理、销售及服务各个环节，并能基于各个环节产生的数据分析与挖掘进行控制、监测、检测、预测等生产经营活动，在缩短研发周期、增加采购实时性、提高生产效率与产品质量、降低能耗、及时响应客户需求等方面赋能③。

（二）装备制造业

装备制造业是国民经济的脊梁，是关系国家战略安全和国民经济命脉的基础性、战略性产业，具有技术密集、系统成套

---

① 未来工厂是数字工厂和智慧工厂的综合体。在各类文献报告中，数字工厂和智慧工厂这两个名词表达的意思互有交叉。具体而言，数字化要能够根据设备状态参数、运营参数等进行数据采集，数字工厂的本质是生产自动化（无人化）和运行数字化。智慧工厂则要基于数据模型作自分析、自判断、自诊断，智能分析模型用数据驱动自组织管理，通过模型引导、知识图谱支持等，设备本身自动化能够保障安全可控，包括设备安全、信息安全等，综合构成智能化，并实现决策智能化（预测）。

② 刘军梅、谢霓裳：《国际比较视角下的中国制造业数字化转型——基于中美德日的对比分析》，《复旦学报（社会科学版）》2022年第3期，第157—168页。

③ 姜卫民、郑琼洁、曹劲松：《区域制造业数字化转型评价体系的建构与应用》，《南京大学学报（哲学·人文科学·社会科学）》2023年第6期，第127—137页。

复杂、附加值高、带动性强等突出特点，是提升国家竞争力的关键载体、捍卫国家安全的根本保障、提高经济社会发展质量的核心基础、产业结构升级的重要引擎。一国装备制造业的发展程度，集中体现了国家的工业、国防和科技水平。

"装备制造业"概念为我国独创，目前世界其他国家、国际组织并没有提出"装备制造业"一词。"装备制造业"正式出现是在 1998 年中央经济工作会议上，此次会议明确提出"要大力发展装备制造业"。装备制造业是制造业的核心。制造业包括装备制造业和最终消费品制造业。装备制造业是为国民经济进行简单再生产和扩大再生产提供生产技术装备的工业的总称，即"生产机器的机器制造业"[①]。装备制造业为国民经济各部门提供工业母机，带动相关产业发展。由国家统计局官网对工业统计相关问题的回答可知，装备制造业包含八个子行业——金属制品业，通用设备制造业，专用设备制造业，汽车制造业，铁路、船舶、航空航天和其他运输设备制造业，电气机械和器材制造业，计算机、通信和其他电子设备制造业，仪器仪表制造业[②]。

我国装备制造业产业链主要可分解为上游、中游、下游三个阶段。上游主要包括原材料及核心零部件，其中的原材料主要是指钢材、铝材、硅材等基础材料的生产。中游主要包括一般装备的生产和装备的整机组装。经过改革开放 40 多年来的发

---

① 徐宇辰：《中国装备制造业创新发展与国际借鉴的思考》，《中国发展观察》2022 年第 1 期，第 39—45 页。

② 韩君、王菲：《新发展阶段中国装备制造业智能制造发展测度》，《财经理论研究》2022 年第 4 期，第 74—86 页。

展，我国已拥有世界上最大的装备制造业中游产业。装备制造业产业链的下游产业主要包括装备运营维护和应用部分，其中又包括管理培训、设备调节、装备销售等①。

（三）高端装备制造业

高端装备制造业又称先进制造业，是指生产制造高技术、高附加值的先进工业设施设备的行业。高端装备制造业是装备制造业的高端领域：一是技术水平高，表现为知识、技术密集，涉及多学科和多领域的高、精、尖技术；二是处于价值链高端，具有高附加值；三是处于产业链的核心部位，其发展水平决定产业链的整体竞争力。因此，高端装备制造业具有技术含量高、资本投入高、知识密集度高、附加值高、产业关联性强、产业带动力强的特点。我国将高端装备制造业作为战略性新兴产业之一，并将发展战略性新兴产业作为调整优化经济结构的重要切入点。因此，高端装备制造业必然成为带动整个制造业产业升级的重要引擎，成为其他战略性新兴产业发展的重要支撑。根据 2010 年发布的《国务院关于加快培育和发展战略性新兴产业的决定》、2012 颁布的《高端装备制造业"十二五"发展规划》和《战略性新兴产业分类（2012）》，现阶段高端装备制造业主要包括航空装备产业、卫星及应用产业、轨道交通装备产业、海洋工程装备产业、智能制造装备产业五大产业②。

---

① 李芳芳、张祎、滕可心、尹茗：《支持我国装备制造业高质量发展的财税金融政策研究》，《工信财经科技》2023 年第 4 期，第 61—72 页。
② 王金、陈楠希、周华、熊剑：《数字经济冲击下高端装备制造业数字化转型研究》，《西南金融》2023 年第 7 期，第 65—80 页。

（四）装备制造业数字化转型

依据对典型案例和众多装备制造业企业创新探索的总结，刘九如认为可以这样描述装备制造业数字化转型的重点方向：要通过大数据、云计算、人工智能、物联网、数字孪生、区块链、5G、元宇宙等新一代信息技术实现以数据为核心的资源要素变革、以网络化为牵引的生产方式重构、以扁平化为方向的企业形态转型、以平台赋能为导向的业务模式创新，构建全感知、全联接、全场景、全智能的数字工厂，优化产品的研发生产和营销流程，对传统管理模式、业务模式、商业模式进行创新和重塑，实现业务转型[①]。

（五）装备制造业智能化升级转型

数字化转型的延续是智能化升级转型。装备制造业智能化升级转型是指企业在研发、生产经营、市场营销、供应链管理、人力资源管理等企业生产经营和管理过程中通过智能制造技术和新兴信息技术实现数字化研发、全面信息共享、实时监控与数据分析、智能决策支持、精准定位等多方面优势，在加速产品研发周期、提高生产线运行效率和产品质量、提供协同性供应链管理、支持战略决策和业务优化等方面赋能。总之，转型升级的智能化和数字化体现了制造业的整个生命周期过程，通过智能技术和新兴信息技术的应用赋能更灵活高效和更具竞争优势的运营能力，从而使企业获得高质量和可持续发展[②]。

---

① 刘九如：《装备制造业数字化转型的方向与路径》，《中国信息化》2023年第10期，第5—9页。

② 潘小燕：《装备制造业智能化转型路径及对策》，《现代企业文化》2023年第32期，第77—80页。

装备制造业的智能制造经历自动化、信息化、互联化和智能化四个阶段，自动化是指在工业生产中以自动控制和调整装备为主进行加工生产，例如应用自动识别设备和人机协作系统。信息化是指应用工业软件和数据库，对工业大数据进行运维和检测评估，进行工业大数据的采集分析等逐步建立数据管理体系。互联化是指工业互联网将人、数据和机器连接起来，工业网络要满足工厂不同系统层级间低时延和高可靠等需求，实现工业网络架构下不同层级和异构网络之间的组网，规范网络地址和无线频谱等资源使用以及网络运行管理。这三者从制造工艺本身过渡到整体系统的集成都离不开研发和创新。智能化是指智能生产，在生产过程中实现多级计划协同、动态优化调度、制造资源动态组织和流程模拟，在管理过程中实现作业过程管控、异常管理、质量追溯和设备运行状态监控，在产品流通过程中实现工厂内物料状态标识与信息跟踪、智能仓储系统、物料分拣配送路径规划与管理等智能配送①。

三、新基建方面的几个概念

（一）新基建

新基建是新型基础设施建设的简称。2020 年 4 月 20 日国家发改委首次明确了新型基础设施的范围，认为新型基础设施是以新发展理念为引领，以技术创新为驱动，以信息网络为基础，面向高质量发展需要，提供数字转型、智能升级、融合创新等

---

① 韩君、王菲：《新发展阶段中国装备制造业智能制造发展测度》，《财经理论研究》2022 年第 4 期，第 74—86 页。

服务的基础设施体系。同时，国家发改委还界定了新型基础设施的具体范围，认为主要包括三个方面的内容：一是信息基础设施。主要是指基于新一代信息技术演化生成的基础设施，比如，以 5G、物联网、工业互联网、卫星互联网为代表的通信网络基础设施，以人工智能、云计算、区块链等为代表的新技术基础设施，以数据中心、智能计算中心为代表的算力基础设施等。二是融合基础设施。主要是指深度应用互联网、大数据、人工智能等技术，支撑传统基础设施转型升级，进而形成的融合基础设施，比如，智能交通基础设施、智慧能源基础设施等。三是创新基础设施。主要是指支撑科学研究、技术开发、产品研制的具有公益属性的基础设施，比如，重大科技基础设施、科教基础设施、产业技术创新基础设施等。当然，国家发改委相关负责人也表示，伴随着技术革命和产业变革，新型基础设施的内涵、外延也不是一成不变的，将持续跟踪研究①。

(二) 数字基础设施

数字基础设施有时又被称为新型数字基础设施，可看作是新型基础设施的主体部分，所以也可称为数字经济发展的基石或底座。

中国互联网信息中心主任曾宇对数字基础设施的定义是：在新一代信息技术驱动下，支撑社会生产力数字化的基础设施，是数据要素的重要载体，是数字经济发展的重要基石，也是数字文化的重要依托。数字基础设施应用涉及诸多与国民经济、

---

① 《国家发改委首次明确"新基建"范围》，https://m.mofcom.gov.cn/article/i/jyjl/e/202004/20200402957398.shtml。

生产生活密切相关的重要领域，如通信、能源、交通、金融、物流等，具有基础性、战略性、支撑性、融合性等特点。数字基础设施主要包括以下四类：一是以 5G/6G、卫星互联网、新一代通信网络、未来网络等为代表的网络基础设施；二是以云计算中心、大数据中心、工业互联网服务平台、物联网服务平台、平台型互联网企业应用服务平台等为代表的信息服务基础设施；三是以超级计算中心（智能计算中心）等为代表的科技创新支撑类基础设施；四是支撑社会治理、公共服务及关键行业信息化应用的重要信息基础设施等[①]。

另一个对数字基础设施的界定是：以数据创新为驱动、通信网络为基础、数据算力设施为核心的基础设施体系。数字基础设施主要涉及 5G、数据中心、云计算、人工智能、物联网、区块链等新一代信息通信技术，以及基于此类技术形成的各类数字平台，服务人们工作、生活的方方面面。3D 打印、智能机器人、AR 眼镜、自动驾驶等新型数字科技则广泛拓展了数字基础设施建设的应用范围，擘画了全新的数字生活图景[②]。

数字基础设施概念起源于 21 世纪初的工程技术领域，指由传感器、执行器、有线和无线通信网以及支持民用的计算机系统组成的互联网络。既包括基于新一代信息技术衍生的物理基础设施，也包括用于居民购物、出行、娱乐和政务服务的各类数字平台，以及经过数字化、智能化改造的传统基础设施。数字经济时代，数字基础设施的概念内涵进一步延展，指由第五

---

① 徐向梅：《优化升级数字基础设施》，《经济日报》2022 年 11 月 14 日，第 11 版。

② 王美莹、王禹欣：《数字基础设施：打造数字未来坚实底座》，http://www.xinhuanet.com/2022-11/11/c_1129119298.htm。

代固网（F5G）、5G、人工智能、工业互联网和物联网等交叉融合而成的新型基础设施①。

（三）工业互联网

装备制造业数字化转型需要工业互联网平台的支撑。工业互联网是 ERP（企业资源规划）、MES（制造执行系统）、PLM（产品生命周期管理）、PDM（产品数据管理）、CRM（客户关系管理）等传统工业信息化软件与物联网、云计算、大数据、人工智能等互联网新兴技术结合而成的产物。其本质是通过开放的工业级网络平台把设备、生产线、工厂、供应商、产品和客户紧密地连接和融合起来，高效共享制造流程中的各种要素资源，促使工业制造由"生产驱动"转变为"数据驱动"，进而帮助企业实现信息深度自感知、智慧优化自决策、精准控制自学习等功能的先进制造过程②。

第二节　新基建赋能装备制造业数字化转型分析

《中华人民共和国国民经济和社会发展第十四个五年规划和 2035 年远景目标纲要》提出，迎接数字时代，激活数据要素潜能，推进网络强国建设，加快建设数字经济、数字社会、数字政府，以数字化转型整体驱动生产方式、生活方式和治理方

---

① 许吉黎、叶玉瑶、郭杰、许险峰、袁振杰：《国内外地理学视角下数字基础设施的研究进展与展望》，《地理科学》2024 年第 4 期，第 586—597 页。
② 刘九如：《装备制造业数字化转型的方向与路径》，《中国信息化》2023 年第 10 期，第 5—9 页。

式变革。

一、装备制造业数字化转型的必要性

装备制造行业的经营环境正在发生日新月异的变化。多品种、定制化、高品质的产品需求，越来越短的产品生命周期，完善的售后服务需求，极佳的客户体验需求和快速的交货速度需求等，使得装备制造行业的经营环境越来越复杂，市场环境也从过去的供不应求时代迈向供过于求时代，企业竞争从拼产品、拼价格迈向拼服务，装备制造行业正处于数字化转型的关键节点。

装备制造业具有高度复杂化、需求个性化、定制化、品种多批量小等方面的特点，属于较为典型的离散型制造业，这也导致生产组织、供应链管理及售后服务领域转型面临较大的困难。随着客户对产品性能和质量的需求越来越高，研发和生产的周期越来越短，产品及制造工艺日趋复杂，定制化个性化程序越来越高，这给企业带来了较大的挑战。进行数字化转型可以有效贯通企业研发、生产和交易的全生命周期，重构企业内部的研发、生产、交易与融资模式，实现企业的高效与柔性生产，达到降本增效、提升效益的现实目的[①]。

二、数字经济可促进装备制造业转型升级

有研究发现：数字经济发展对装备制造业转型升级具有正

---

① 钟媛媛：《装备制造业企业数字化转型路径研究》，《中小企业管理与科技》2023年第8期，第128—130页。

向促进作用；同时该促进作用在不同区域中具有明显差异，对东部地区的影响显著性要高于中西部地区；从中介效应检验结果发现，创新效率的中介效应存在，即数字经济—创新效率—装备制造业转型升级的机制成立①。也有研究基于长三角地区面板数据，利用有调节的中介效应模型检验了数字经济对高端装备制造业高质量发展的影响。结果发现：数字经济可以显著促进高端装备制造业高质量发展，稳健性检验后仍然成立；数字经济通过技术创新正向促进高端装备制造业高质量发展，且技术创新发挥部分中介效应；政府支持对技术创新的中介效应发挥正向调节作用；进一步异质性检验发现，数字经济对不同地区、不同细分行业高质量发展的影响存在显著差异②。可见，包括新基建和数字化转型在内的数字经济对装备制造业转型升级和高质量发展都有积极的促进作用。而装备制造业转型升级和高质量发展的重要组成部分之一就是数字化转型。当然，这种促进作用会因区域条件差异而有强弱之别。同时，创新（特别是技术创新）是数字经济促进装备制造业转型升级和高质量发展的重要途径之一。

三、新基建可以显著促进企业数字化转型

如前所述，《中华人民共和国国民经济和社会发展第十四个五年规划和 2035 年远景目标纲要》的第十一章比较具体地阐述

---

① 陈阿兴、陈星如：《数字经济驱动下装备制造业转型升级的作用机理及其实证检验》，《宿州学院学报》2022 年第 12 期，第 47—52 页。

② 王瑞荣、李志彬：《长三角地区数字经济对高端装备制造业高质量发展的影响研究——基于有调节的中介效应分析》，《企业经济》2024 年第 3 期，第 103—113 页。

了我国现代化基础设施体系建设的目标。该章第一节的标题是加快建设新型基础设施。这一节中的内容中要求：围绕强化数字转型、智能升级、融合创新支撑，布局建设信息基础设施、融合基础设施、创新基础设施等新型基础设施。从这里可看出，国家明确提出布局新型基础设施要围绕强化数字转型、智能升级、融合创新支撑，新基建的主要作用之一就是为数字化转型和智能升级等服务。

（一）新基建在不同发展阶段均可促进企业数字化转型

有研究者基于"供给侧改革"视角，采用文本分析方法总结了各阶段数字基础设施政策的演进过程。他们的研究发现：数字基础设施政策经历了硬件建设期、要素建设期和规制建设期三个阶段；数字基础设施政策在三个阶段分别通过提高企业生产效率、价值增值能力和集群的超额收益，持续深化企业数字化转型[①]。

（二）新基建可以促进企业经营各个环节的数字化转型

有分析指出：数字基础设施作为一种公共产品，使企业能够以更低的成本和更高的效率借助数字技术、数据要素对内部生产、研发、销售、管理等各个环节进行流程再造，实现数字化转型。生产环节中，企业依托数字技术打造智能化生产线，对生产制造环节进行总体统筹，根据实际需求调控生产周期，形成"柔性化"生产模式；研发环节中，数字基础设施建设加速了信息流通，提升了企业对外部知识的承接、吸收和利用能

① 汤蕴懿、李方卓：《数字基础设施政策赋能企业数字化转型：演进逻辑和政策取向》，《求是学刊》2024年第2期，第59—68页。

力，扩展了创新边界，同时催生出对信息安全、算法算力的新要求，通过市场竞争提升企业的研发激励；销售环节中，通过对海量数据的分析，企业能够更为准确地为消费者画像，进而作用于产品设计，迎合消费者需求；管理过程中，企业各个职能部间的信息联动增加，企业组织结构呈现网络化、扁平化的特征，管理效率进一步提升。随着数字基础设施建设推动大数据、工业互联网技术在企业运营中的全面应用，企业势必需对内部的各项职能活动做出适应性调整，进而不断提高价值创造与供给的效率[①]。

（三）新基建促进企业数字化转型的主要路径

我们认为，企业数字化转型主要基于以下四种要素：数据、数字技术、数字人才和资金。数据要素和数字技术的结合是企业数字化转型的基本路径，而这种结合需要通过数字人才来完成，而且需要必要的资金支撑。新基建可以通过提高企业内部经营效率和改善企业外部环境两种途径来增强企业获取数据、数字技术、数字人才和资金的能力，进而促进企业的数字化转型。

1. 新基建对企业内部经营效率提高的作用

（1）提高企业获取数据和技术信息的能力

企业数字化转型的基本路径是数据和数字技术的有效结合，新型基础设施作为"信息高速公路"使企业获取数据、知识和技术信息的成本降低，获取数据、知识和技术信息的能力提高，

---

① 方晓晖、郭鸿儒、刘冲、王卓：《数字基础设施如何助力企业数字化转型？——来自企业业绩说明会的证据》，《产经评论》2023年第5期，第61—81页。

也会增强企业内部的技术创新能力，从而有助于促进企业的数字化转型。

有研究发现，数字基础设施建设显著促进了企业数字化转型。该研究通过中介效应模型发现，数字基础设施建设主要通过提升企业对于大数据和数字技术应用两个主题的关注和应用推进企业数字化转型。进一步研究发现，高数字化转型程度的企业拥有更好的业绩表现①。

（2）有利于企业数字人才的积累

企业数字化转型通过数字人才对数据和数据技术进行有效结合和利用，新基建所带来的信息传播效率的提高可使企业与数字人才相互之间能以更低的成本和更高的效率进行了解和沟通，从而有助于企业获取更多、更优质的数字人才。同时，新基建所带来的信息获取能力的提高也使得企业内的数字人才能够更容易地利用企业外部的信息来提高自己的工作能力，从而也有利于企业数字人力资本的积累。

（3）有利于企业增加数字化转型所需的资金投入

新基建对信息流通能力的提高不仅能促进企业数字化转型，还能促进企业传统业务经营的成本降低，从而将节约的部分资金用于数字化转型方面的投入。而且，新基建所带来的信息传递能力的提高还可降低企业与金融机构之间的沟通成本，从而有利于企业从金融机构获取更多的资金支持。

企业数字化转型是数字经济与实体经济深度融合在微观层

---

① 方晓晖、郭鸿儒、刘冲、王卓：《数字基础设施如何助力企业数字化转型？——来自企业业绩说明会的证据》，《产经评论》2023年第5期，第61—81页。

面的具体体现，网络基础设施建设（现代网络基础设施建设也是新基建的主要组成部分之一）为其提供了有力支撑。有研究以2007—2021年沪深A股上市公司数据为研究样本，以"宽带中国"试点政策为准自然实验，采用多时期双重差分模型探讨了网络基础设施建设对企业数字化转型的影响及作用机制。研究表明，在网络基础设施建设作用下，企业数字化转型得到显著提升；网络基础设施建设可以提高企业创新能力和信贷可得性，推动企业数字化转型[1]。

（4）有利于提高企业的资源配置效率

信息的获取能力对企业的资源配置起着很重要的作用，新基建所带来的信息获取和分析能力的提高可以帮助企业改善资源错配状况，提高资源配置效率，从而提高传统业务的运营效率和促进企业数字化转型。

数字基础设施政策的实施效果直接影响企业数字化转型相关技术方案的供给质量。为使数字基础设施政策更好地驱动企业数字化转型，有研究者采用文本分析和理论分析方法，通过探究数字基础设施政策影响企业数字化转型的实践过程和理论机理，分析了政策驱动过程存在的问题并提出了优化路径。该研究发现：在实践逻辑层面，数字基础设施政策驱动企业数字化转型经历了网络基础设施规模化推动局部端数字化、技术升级和融合发展推动平台数字化、要素市场配置畅通化推动生态系统数字化三个阶段。在理论逻辑层面，数字基础设施政策通

---

[1]　王磊、李吉：《网络基础设施建设与企业数字化转型：理论机制与实证检验》，《现代经济探讨》2024年第1期，第77—89页。

过解决技术投入市场失灵和要素配置市场失灵问题，激发企业数字化创新动能、推动要素市场化配置，驱动企业数字化转型[①]。另一份相关研究也得出了类似的结论，该实证研究发现，在微观机理方面，数字基础设施政策通过培育企业数字技术能力、提高要素配置效率来解决企业数字化面临的市场失灵问题[②]。

2. 新基建对企业外部经营环境的改善作用

作为促进信息流通的基础设施建设，新基建还可以影响企业数字化转型的外部环境，这同样也可以促进企业的数字化转型。

新型基础设施的核心数字基础设施加速了外部市场环境的变化，催生各类应用场景，为企业数字化转型提供了广阔市场和外驱动力。从要素市场的角度看，数字基础设施加速了数据要素的流通与分享，实现万物互联，激发了我国强大的市场潜力，衍生出共享经济、平台经济等新业态、新模式。从金融市场的角度看，数字基础设施推动了以数字金融为代表的新型金融服务的发展，通过数字化技术应用和数据资源共享，降低了信息不对称程度，缓解了"融资难"问题。从消费者的角度看，数字基础设施的普及一方面提供了广泛而全面的信息获取渠道，使消费者对行业有更为全面的了解，从而对企业现有的产品和服务提出了更高要求；另一方面塑造了全新的需求场景，优质

---

① 李方卓：《数字基础设施政策驱动企业数字化转型的实践逻辑和理论逻辑》，《现代管理科学》2024 年第 2 期，第 143—150 页。
② 汤蕴懿、李方卓：《数字基础设施政策赋能企业数字化转型：演进逻辑和政策取向》，《求是学刊》2024 年第 2 期，第 59—68 页。

企业利用海量数据对用户需求进行精准定位后，通过数据所反映的消费者偏好捕捉全新的市场机会，广阔的市场前景推动了企业不断拓展数字业务，实现数字化改造①。从技术创新的角度看，新基建强化了企业外部知识与信息的溢出效应，有利于企业的技术创新。从市场竞争的角度看，新基建所带来的信息披露与获取、分析效率的提高会加剧行业市场竞争，从而迫使企业加快数字化转型进程。从相关产业发展的角度看，新基建可以带动同属数字经济的软件等行业的发展，这也有利于企业的数字化转型。

在实证方面，一项相关研究就发现，数字基础设施政策的实施有助于推动企业数字化转型。该研究的机制分析发现，数字基础设施政策在改善企业经营状况的同时，将加剧地区市场竞争程度并带动软件与信息技术服务业发展，由此助力企业数字化转型②。

（四）新基建对企业从"数字化"向"智能化"跃进的作用

新基建不仅有利于企业的数字化转型，而且也有利于企业向更高级的智能化转型，甚至还是这种向更高级阶段转型的重要影响因素。例如，2024 年 3 月 27 日由联想集团和中国信息通信研究院共同撰写的《中国企业智能化成熟度报告（2023）》指出，数字底座的建设和不断升级影响了企业经营方式、组织

---

① 方晓晖、郭鸿儒、刘冲、王卓：《数字基础设施如何助力企业数字化转型？——来自企业业绩说明会的证据》，《产经评论》2023 年第 5 期，第 61—81 页。

② 王海、闫卓毓、郭冠宇、尹俊雅：《数字基础设施政策与企业数字化转型："赋能"还是"负能"？》，《数量经济技术经济研究》2023 年第 5 期，第 5—23 页。

和文化形态，是形成新的发展战略的关键驱动力。在企业从"数字化"到"智能化"的跃进道路上，数字底座具有"分水岭"的意义，其建设成功与否影响企业是否能跨越到"智能运营"的更高水平①。而这里所提及的数字底座主要就指新型基础设施。

四、工业互联网对装备制造数字化转型起关键作用

在新型基础设施中，工业互联网可看作是与制造业数字化转型关系最为密切的部分。工业互联网作为数字经济与实体经济深度融合的关键基础设施、新型应用模式和全新工业生态，是加快建设制造强国和网络强国、构建现代化经济体系、推进新型工业化和高质量发展的重要支撑。工业互联网是支撑装备制造等行业数字化转型的关键力量，具体分析②如下：

（一）工业互联网能有效赋能行业提质增效降本

工业互联网在装备制造、原材料、消费品等重点行业企业的融合应用，能够建立高效开放的研发体系、制造模式与服务形态，打造智能化、敏捷化、柔性化的生产组织方式，有效促进制造资源配置和使用效率提升，降低企业生产运营成本，增强企业特别是劳动密集型企业的竞争力。例如，装备制造行业运用数据和算法提升产品研发智能化水平，依托智能装备构建新型制造服务体系，围绕产品研发设计和全生命周期管理实现

---

① 李记：《〈中国企业智能化成熟度报告（2023）〉：中国企业数字化发展进入新阶段》，https://www.sohu.com/a/767281764_162758。

② 中国信息通信研究院：《中国工业互联网发展成效评估报告（2024年）》，2024年6月，第1—3页。

价值提升。

（二）工业互联网能助力中小企业数字化转型

工业互联网能够有效降低中小企业转型成本，助力中小企业纾困解难，加速中小企业提升数字化水平。工业互联网以平台化方式集聚了大量低成本、轻量化解决方案，能够提供低成本的数字化工具，带动中小企业以设备上云、系统上云方式进行数字化、网络化、智能化改造，快速补齐信息化短板，实现跨越式发展。例如，京东工业为中小企业提供 SaaS（Software-as-a-Service，软件即服务）采购管理软件，配合工业品采购平台，提供从订单采购到财务核算、单据处理等集成服务。同时，基于工业互联网整合订单、原料、金融、物流等各类生产资源，并以新的网络化生产组织方式实现资源精准对接和优化配置，帮助中小企业获取更多市场机会、降低融资和采购成本，满足生存和发展的双重需求。例如，捷配公司面向 PCB（Printed Circuit Board，印制电路板，又称印刷线路板）开展协同制造，汇聚 50 家中小工厂，进行订单分配并提供智能生产系统，实现人均产能提升 65%。

（三）工业互联网能打造区域数字化转型标杆

工业互联网面向地方各级行政区域，由政府主导，以区域性平台的形式提供标识节点、安全感知、咨询评测、人才培训、供需对接等产业公共服务，助力区域加速数字化转型进程。例如，安徽省 2021 年推出了首个政企联合打造、市场化运作的工业互联网综合服务平台——"羚羊工业互联网平台"，上线运营近三年，已成为安徽加快建设制造强省、赋能企业数字化转型的重要抓手之一，助力越来越多企业驶上数字经济的"快车道"。工业互联网面向园区推动新型网络等基础设施的改造升级，提升园区管理服务水平，促进园区产业优化配置，带动园区内企业节能环保，赋能园区数字化、智能化转型升级。例如，美云智数的美擎数字园区解决方案助力重庆水机工厂建立全面的网络覆盖和连接，实现全园最优调度，提升功效超 55%，每年节电超 11 万度。

五、新基建对装备制造业数字化转型的双重作用

新基建和产业数字化转型都是数字经济的主要组成部分。以 5G 为代表的新基建通常被看作是数字经济发展的底座，是数字经济发展的基础，而包括制造业数字化转型在内的产业数字化转型则是数字经济的主体部分。2023 年 8 月中国信息通信研究院发布的《中国数字经济产业发展研究报告（2023）》显示，我国产业数字化占数字经济产业的比重已由 2007 年的 52.9% 提升到了 2022 年的 81.7%[①]。国际上数字经济发展较好的国家中产业数字化也都是数字经济的主要部分。所以新基建和装备制造业数字化转型之间主要是新基建赋能装备制造业数字化转型的关系。

但基础设施投资对传统产业数字化转型以及整体经济增长的作用是比较复杂的。在面临经济下行压力的情况下，基础设施投资经常被包括我国在内的很多国家作为一种重要的逆周期应对手段来使用，但这一手段也一直备受争议。一方面，基础

---

① 苏德悦：《〈中国数字经济产业发展研究报告（2023）〉：数字经济具有明显的"逆周期性"引领经济恢复发展》，https://www.cnii.com.cn/rmydb/202308/t20230816 _496138.html。

设施的投资量比较大，而且容易被政府所主导，所以在短期内有时可以比较明显地拉动投资需求，从而有效促进经济增长；但另一方面，一些领域的基础设施投资可能已经过量，而且政府主导下的一些基础设施投资效率被认为可能偏低，这些会导致资源配置效率的下降，进而抑制经济增长（特别是长期的经济增长）。同样，从理论上看，新基建投资对装备制造业数字化转型的影响也可能会有这样的两种结果，即新基建投资可能会通过挤入效应等促进装备制造业数字化转型，也可能会通过挤出效应等阻碍装备制造业数字化转型。

第三章

装备制造业数字化转型
与新基建现状

第一节　全球数字经济与新基建发展特征

一、全球数字经济状况及中国在其中的地位

有研究显示，目前全球数字经济发展的多极化趋势进一步深化。从整体看，中、美、欧基于市场、技术、规则等方面优势，持续加大数字经济发展力度，数字经济规模持续扩大，全球数字经济三极格局持续巩固。但与此同时，新兴国家数字经济发展也进一步加速，全球数字经济发展的多极化趋势加强。其中，中国数字经济规模仅次于美国，拥有全球最大的数字市场，数字经济顶层设计日益完善，数据资源领先全球，数字产业创新活跃，数字中国建设成效显著。美国数字经济稳居世界第一，产业规模、产业链完整度、数字技术研发实力和数字企业全球竞争力等方面都位居世界前列。欧盟具有优秀的科技和创新资源，凭借其在数字治理上的领先，形成与中美两强优势互补的第三极。具体来看：

在规模方面，美、中、德连续多年位居全球前三位。2022

年，美国数字经济蝉联世界第一，达到 17.2 万亿美元；中国位居第二，规模为 7.5 万亿美元；德国位居第三，规模为 2.9 万亿美元。此外，日本、英国、法国数字经济规模也都超过 1 万亿美元。

在占比方面，英国、德国、美国数字经济占 GDP 比重位列全球前三位，占比均超过 65%。韩国、日本、爱尔兰、法国等 4 国数字经济占 GDP 比重也超过 51 个国家平均水平。新加坡、中国、芬兰、墨西哥、沙特阿拉伯等 5 国数字经济占 GDP 比重介于 30%—45% 之间。

在增速方面，沙特阿拉伯、挪威、俄罗斯数字经济增长速度位列全球前三位，增速均在 20% 以上。另有巴西、墨西哥、新加坡、印度尼西亚、越南、土耳其、美国、澳大利亚、马来西亚、以色列、中国和罗马尼亚等 12 个国家数字经济增速超过 10%。

在产业渗透方面，经济发展水平较高的国家产业数字化转型起步早、技术应用强、发展成效明显。在第一产业数字化方面，英国一产数字经济渗透率最高，超过 30%，此外，德国、沙特阿拉伯、韩国、新西兰、法国、芬兰、美国、日本、新加坡、爱尔兰、丹麦、中国、俄罗斯、挪威等 14 个国家一产数字经济渗透率高于所测算的 51 个国家的平均水平。在第二产业数字化方面，德国、韩国二产数字经济渗透率超过 40%，此外，美国、英国、爱尔兰、日本、法国、新加坡等国家二产数字经济渗透水平高于所测算的 51 个国家的平均水平。在第三产业数字化方面，英国、德国等国三产数字经济发展遥遥领先，三产数字经济渗透率超过 70%，此外，美国、日本、法国等国家三产数字经济渗透水平高于所测算的 51 个国家的平均水平。①

二、全球新基建发展特征

(一) 移动网络代际演进不断推进

随着移动网络技术的发展，3G、4G 开启了移动互联网时代，而 5G 将移动互联网拓展到了移动物联网领域，服务对象从人与人通信拓展到人与物、物与物通信，并与经济社会各领域深度融合，从而引发生产生活方式的深刻变革。2013—2022 年，在各国持续推动下，全球移动连接数已从 66.8 亿增长到 86.3 亿，年均复合增长 2.6%。2G 占全球移动网络连接比重由 2013 年的 67.89% 下降到 2022 年的 11.38%，4G 占全球移动网络连接比重由 2013 年的 3.19% 提升至 2022 年的 59.8%。各国发展 5G 技术的意愿更加迫切，5G 技术发展和商业部署加快。截至 2022 年左右，全球已部署了超过 260 张 5G 网络，覆盖近一半的人口，5G 网络连接占比由 2020 年的 2.44% 提升至近 11.8%。GSMA (全球移动通信系统协会) 数据显示，移动行业对全球 GDP 的贡献价值到 2030 年将从 2022 年的 5.2 万亿美元增至超 6 万亿美元。到 2030 年，全球独立移动用户数将增至 63 亿，移动互联网用户数将达到 55 亿，全球 4G 连接数占比将从 2022 年的 60% 降至 36%，5G 连接数占比将从 2022 年的 12% 增至 54%，授权蜂窝物联网连接数将从 2022 年的 25 亿增至 53 亿，全球电信运营商的总收入将从 2022 年的 1.07 万亿美元增至 1.2

---

① 中国信息通信研究院：《全球数字经济白皮书 (2023 年)》，2024 年 1 月，第 17—19 页。

万亿美元，运营商在 2023 年至 2030 年期间对其移动网络的资本支出将达到 1.5 万亿美元，其中 92% 将用于 5G 网络部署[①]。

（二）数据中心迎来发展新机遇[②]

当前，全球数字经济高速发展，数字应用场景的落地离不开算力的有效支撑，数据中心作为高性能算力的核心载体，产业赋能价值逐步凸显。全球各国积极引导数据中心产业发展，数据中心市场需求不断扩大，绿色低碳发展态势显著。

1. 总数持续缩减的同时大型数据中心成未来建设重点

2022 年，全球数据中心数量缩减至 43.0 万个，同比下降 1.7%。2022—2025 年间，除微型数据中心数量下滑以外，其余类型均保持正增长，大型数据中心快速发展。中美两国加快超大规模数据中心建设。Synergy Research Group 的最新数据显示，目前由超大规模提供商运营的大型数据中心接近 900 个，占全球所有数据中心容量的 37%。随着数字化转型、终端数字化消费等多样化算力需求的场景持续增多，以及生成式人工智能技术和服务对计算能力提出更高要求，算力需求将进一步增长，未来六年，新增的超大规模数据中心平均容量将达到现有规模的两倍以上，大型数据中心发展潜力巨大。

2. 数据中心加速向低碳绿色方向转变

数据显示，数据中心总耗电量在 ICT（信息通信技术）行业占比超 80%，主要国际组织与经济体均发布相关政策，以推动数据中心行业绿色可持续发展，提升能源使用效率。如，美

---

① 中国信息通信研究院：《全球数字经济白皮书(2023 年)》,2024 年 1 月,第 21—22 页。
② 中国信息通信研究院：《全球数字经济白皮书（2023 年）》，2024 年 1 月，第 23—25 页。

国通过 DCOI（数据中心优化计划）倡议，将新建数据中心 PUE（功耗比）限制在 1.4 以下，老旧改造数据中心 PUE 限制在 1.5 以下。欧洲数据中心运营商和行业协会在《欧洲的气候中和数据中心公约》中宣布到 2030 年实现数据中心碳中和。中国出台《全国一体化大数据中心协同创新体系算力枢纽实施方案》，促进数据中心绿色可持续发展，计划到 2025 年，将新建大型数据中心 PUE 控制在 1.3 以下。随着各国相关政策的陆续出台和技术的持续发展，节能技术将更广泛地应用于数据中心领域，预计到 2030 年，PUE 将进入 1.0x 时代。

3. 全球范围数据中心空置率下降

北美地区：主要市场数据中心空置率为十年来最低点，其中，芝加哥在北美的空置率下降幅度最大，从 8.2% 下降到 6.7%。

欧洲地区：FLAP（法兰克福、伦敦、阿姆斯特丹、巴黎）地区市场平均空置率从 2022 年第一季度的 17% 下降到 2023 年第一季度的 12.7%，伦敦的空置率从 21.6% 下降到 15.3%，法兰克福从 8.6% 下降至 4.8%。

拉丁美洲地区：数据中心的平均空置率从 12.2% 下降至 8.6%，圣地亚哥的空置率下降趋势最为明显，从 11.7% 降至 3%。

亚太地区：大多数市场数据中心空置率均有所下降；新加坡数据中心可用容量不到 4 兆瓦，空置率低于 2%；日本东京和中国香港的数据中心空置率同比分别下降 1.5% 至 2%。

第二节 全球数字技术、工业数字化转型现状

一、数字技术与实体经济深度融合的现状

未来 10—15 年，以数字技术的变革及其与经济社会各领域融合创新为主要驱动的第四次工业革命将席卷全球，工业乃至实体经济各个产业将经历深刻的数字化转型。IDC（国际数据公司）预测，到 2026 年，数字产品、服务和体验将为全球企业2000 强增加超过 40% 的总收入。数字技术与实体经济进一步深度融合，主要表现[①]为：

（一）数字技术加速数字化转型进程

数字技术可以显著改善现有生产方式，提高实体经济数字化、网络化、智能化水平，成为数字化转型的关键加速器。如，以 5G 为代表的新型网络技术开启万物互联新时代，革命性地提升了设备接入和信息传输的能力，推动了边缘流量特别是行业流量的爆发式增长。对海量数据的存储、处理、计算和分析需求，提升了企业对数据中心、云计算、人工智能等新型基础设施的投资需求。此外，5G 物联网发展迅速，据 Grand View Research 数据预测，全球 5G 物联网市场 2023—2030 年的复合年增长率为 50.2%，到 2030 年将达到 894.2 亿美元。

以 AI（人工智能）为代表的新型分析技术基于数据的收集

---

① 中国信息通信研究院：《全球数字经济白皮书（2023 年）》，2024 年 1 月，第 30—35 页。

和分析，实现效率和生产力的提高，深刻变革决策模式，突破人类能力边界，在提供量身定制、完善客户管理、进行资产维护、检测潜在欺诈、提高客户满意度等方面发挥重要作用。

以区块链为代表的新型互信技术支撑在不可信环境中的可信业务协作，利用密码学技术和分布式共识协议保证网络传输与访问安全，实现数据多方维护、交叉验证、全网一致、不易篡改。区块链技术正在成为解决产业链参与方互相信任的基础设施，在全球经济复苏中扮演重要的角色，预计 2030 年，约有 30% 的规模超 50 亿美元的制造企业将开始应用区块链技术。

（二）数字化转型支出保持快速增长

数字化转型支出是产业数字化深入推进的重要前提和保障，为产业数字化发展提供必要的资金、技术、产品等支持。近年来，全球各国加大数字化转型支出，未来几年数字化转型支出将持续保持两位数稳定增长。根据 IDC《2023 年第二版全球数字化转型支出指南》预测，2027 年全球数字化转型支出将达到近 3.9 万亿美元，五年复合年增长率为 16.1%。利用技术提高运营效率是数字化转型支出的重要目标（占总支出 35% 以上）。

分行业看，包含机器人制造、自主操控、库存智能和智能仓储在内的离散制造是预测期内数字化转型支出最大的行业，约占全球所有投资的 18%。此外，证券和投资服务行业的数字化转型支出增长最快，五年复合年增长率为 21.1%，紧随其后的是银行业和保险业，年均复合增长率分别为 20.0% 和 19.2%。分场景看，采矿作业援助、基于机器人流程自动化的索赔处理和数字孪生等成为 IDC 确定的 300 多个数字化转型案例中增长最快的几个场景，五年复合年增长率分别为 32.6%、30.6% 和 28.5%。

二、国际数字技术发展现状

近年来，国际数字技术发展较快，具体表现①如下：

（一）5G融合应用生态加快形成，技术水平持续提升

1. 5G商用基本遍布全球

截至2023年9月，全球102个国家/地区已有277家网络运营商宣称开始提供5G业务（含固定无线和移动服务），其中欧洲102家，亚洲82家，美洲47家，非洲29家，大洋洲9家。分国家/地区看，中国已建成全球规模最大的5G独立组网网络，5G基站数、用户数均位居全球第一。美国运营商利用低频网络达到了近98%的网络覆盖，从2022年初开始将C波段频谱用于5G后，网络速率提升幅度较大，用户增长迅速。欧洲大多数国家利用低频段和使用DSS（动态频谱共享）技术迅速扩大5G网络人口覆盖，同比提高11个百分点，但整体上网络部署进度和性能均相对落后。印度于2022年10月开启5G商用，运营商加紧部署网络，月新建5G基站2万余个，网络速率水平较高，但用户规模较小。

2. 全球5G行业应用部署和落地有所加速

2022年，各主要国家积极推动5G应用落地，5G发展领先国家在AR/VR（增强现实/虚拟现实）、超高清视频、工业互联网、智慧交通、智慧医疗、公共安全和应急、军事专网等领域开展5G融合应用投资、探索与示范，为国家军事创新、智慧生

---

① 中国信息通信研究院：《全球数字经济白皮书（2023年）》，2024年1月，第25—28页。

活、智能生产和效率提升发挥了重要作用。截至 2023 年 3 月，中国信通院监测的全球 5G 应用案例中，确定已经落地和正在开展的应用共计 709 个，近半年新增应用数量达 65 个，同比增长 14 个百分点，行业应用部署和落地有所加速。远程控制、视频回传、机器视觉、设备定位等 5G 在行业中的典型应用满足行业共性刚需，已在矿山、港口、制造等领域得到了规模化的应用。GSMA 预测，服务业和制造业将从 5G 技术中受益最大，未来十年，在智能工厂、智慧城市和智能电网等应用的推动下，预计服务业将实现 46% 的收益，制造业将实现 33% 的收益。

（二）人工智能迎来快速发展，创新和应用力度加大

从产业规模看，全球人工智能产业规模快速增长。2023 年全球人工智能产业规模高速增长，预计未来增速将逐渐放缓。2023 年全球人工智能市场收入达 5132 亿美元，同比增长 20.7%，到 2026 年市场规模将达 8941 亿美元。其中，软件在市场中持续占据主导地位，其市场份额占比近九成，2023 年市场规模为 4488 亿美元，同比增长 20.4%。

从企业发展看，全球人工智能企业国别分布呈现"中美主导"格局。截至 2023 年三季度，全球人工智能企业有 29542 家。中美人工智能企业数占全球总数的近一半，美国有 9914 家（占比为 34%），中国有 4469 家（占比为 15%）；英国、印度、加拿大、德国、以色列、法国、韩国及新加坡合计占比超全球的四分之一，其中韩国以 522 家企业跻身全球人工智能企业数量前十，日本则跌到第十一位。全球人工智能企业新增数量在 2016—2018 年达到高峰，此后逐年降低。其中，美国每年人工

智能企业新增数量在全球占据主导地位，占比维持在30%左右。2022年，中国每年人工智能企业新增数量占全球比重为5%，与美国存在较大差距。

三、制造业等工业领域数字化转型现状

近年来，从全球范围看，制造业等工业领域的数字化转型也有了多方面的明显进步，具体表现①如下：

（一）工业领域数字技术应用程度加深

数字化转型是工业领域提升竞争优势和实现增长的主要驱动力。随着人工智能、物联网、云计算和大数据分析等数字技术与制造业核心业务流程深度融合，制造业数字化转型实现较大范围的降本提质增效，可持续发展进程和转型升级加速。人工智能赋能工业转型发展。从"机器换人"到"机器助人"，人工智能助力提高制造业产品质量、优化生产流程、实现个性化定制和保障产品安全，为制造业生产模式带来巨大变革。

麦肯锡全球研究所调查显示，应用人工智能技术可以为全球制造业增加30%的产出。人工智能助力提高制造业生产效率和质量。如，宝马公司使用人工智能提高汽车制造质量，通过机器视觉来检测车身缺陷，使用机器学习算法识别缺陷的类型和严重程度，极大提高汽车制造的质量，减少返工和召回的数量。又如，通用汽车公司利用人工智能提高自动化生产线效率，通过机器学习算法优化自动化生产线流程，实现自动化生产线

---

① 中国信息通信研究院：《全球数字经济白皮书（2023年）》，2024年1月，第32—35页。

降本增效。

人工智能可提高产品的安全性和可靠性。人工智能可以监控生产过程、预测产品故障，从而提高产品的安全性和可靠性。如，美国波音公司利用人工智能分析飞机运行数据，预测飞机的故障风险。波音公司数据显示，人工智能的应用可以将飞机的故障率降低10%。又如，中国风电公司利用人工智能分析风力发电机组的运行数据，监控风力发电机组的运行状态并预测风力发电机组故障风险，提高风力发电机组安全性，降低事故发生风险。机器学习工业化成为工业数字化转型的重要模式。ClearML调研显示，85%的受访者表示他们在2022年为MLOps（机器学习运营体系）设置专项预算。如，瑞致达与麦肯锡合作开发400多个人工智能模型，并使用MLOps来标准化生产部署和维护，优化26家工厂的热效率，每年减少约160万吨碳排放，节省超过2000万美元的能源。

（二）数字孪生技术赋能制造业生产质量提升

数字孪生技术落地应用已延伸至工业制造、建筑设计、城市规划、航空航天、交通运输等诸多领域，在提高效率、减少成本、优化决策、改善用户体验等方面具有潜力和优势。麦肯锡调查数据显示，在先进行业中，近75%的公司已经采用了数字孪生技术。

1. 智能制造成为全球数字孪生技术的重点应用领域

数字孪生与传统制造系统相比，具有生产要素多样、动态生产路径优化、资源有序化配置、充分利用数据决策等特点，目前全球航空、汽车、电子、机器人等重点行业的研发与制造环节均有数字孪生技术的参与和应用。调研数据显示，采用数字孪生辅助生产后产品质量问题减少了25%。

2. 应用数字孪生技术以促进生产效率提升

全球灯塔网络的数字化转型领先工厂中,数字孪生成为多数工厂成功的关键之一。如,韩国昌原的LG电子工厂通过将实时生产数据集成到系统中,每30秒更新一次,将其装配线可视化仿真工具转变为数字孪生,实现生产率提高17%,产品质量提升70%,降低30%能耗。又如,宝洁公司广州工厂采用数字孪生改善仓库运营,在三年内,数字孪生实现99.9%的准时交付,库存减少30%,物流成本降低15%。

3. 数字孪生赋能制造业可持续发展的作用显现

数字孪生赋能制造业效率提升的同时降低了能耗,为实现低碳可持续发展目标提供重要支撑。如,施耐德电气公司勒沃德勒伊生产基地使用数字孪生工厂装置,利用数据优化能源管理,减少了17%的材料浪费,并减少了25%的二氧化碳排放,助力施耐德电气提高成本效益,创造了更高效的流程,在2025年前实现了净零排放的目标。

(三) 工业机器人成为推动制造业数字化转型的重要工具

亚洲工业机器人市场发展全球领先。国际机器人联合会(IFR)数据显示,2022年,全球工厂中新安装工业机器人数量为55.31万台,同比增长5%。按地区划分,亚洲、欧洲、美洲工业机器人安装数量分别占全球的73%、15%和10%。截至2023年9月,全球新安装工业机器人数量超过50万台,中国、日本、美国、韩国、德国是全球五大工业机器人市场。

中国机器人发展速度快,是全球最大的工业机器人使用国,安装量增长强劲,2017—2022年年平均增长率为13%,到2022

年达到 29.03 万台。工业和信息化部统计数据显示，中国工业机器人应用已覆盖国民经济 60 个行业大类、168 个行业中类，2022 年，中国工业机器人产量达到 44.3 万套，同比增长超过 20%，装机量占全球比重超过 50%。日本工业机器人产业链完整且核心技术众多，生产的工业机器人中 78% 均出口至国外。2017 年以来，日本机器人安装量年平均增长 2%，到 2022 年达到 50413 台。2022 年美国工业机器人安装量较上年增长 10%，达到 39576 台，略低于 2018 年达到的历史峰值水平（40373 辆）。美国工业机器人的主要增长动力是汽车行业，装机量激增 47%（达到 14472 辆），其次是金属和机械行业（3900 辆）和电气/电子行业（3732 辆）。工业机器人加速与生产活动结合，2021 年国际机器人联合会数据显示，电子行业应用的机器人数量最多（12.38 万台，增长 22%），其次是汽车行业（7.26 万台，增长 57%）以及金属和机械行业（3.64 万台，增长 29%）。

第三节 我国数字经济发展现状

一、数字经济发展量质齐升

我国数字经济规模持续壮大（见图 3-1）。2023 年数字经济核心产业增加值估计超过 12 万亿元，占 GDP 比重 10% 左右。电子信息制造业增加值同比增长 3.4%；电信业务收入 1.68 万亿元，同比增长 6.2%；互联网业务收入 1.75 万亿元，同比增长 6.8%；软件业务收入 12.33 万亿元，同比增长 13.4%。数字产业化和产业数字化规模都稳步扩大（见图3-2）。以云计算、

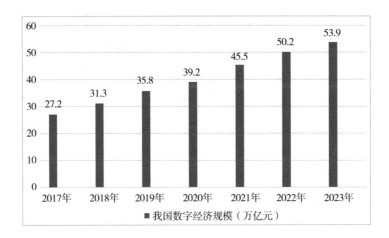

来源：《中国数字经济发展研究报告（2023）》《中国数字经济发展研究报告（2024）》

图 3-1　2017—2023 年我国数字经济规模

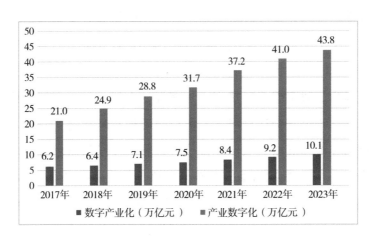

来源：《中国数字经济发展研究报告（2023）》《中国数字经济发展研究报告（2024）》

图 3-2　2017—2023 年我国数字产业化和产业数字化规模

大数据、物联网等为代表的新兴业务收入逐年攀升。云计算、大数据业务收入较上年增长 37.5%，物联网业务收入较上年增长 20.3%，远高于同期电信业务收入增速；新兴业务收入占电信业务总收入的比重明显上升，从 2019 年的 10.5% 提升至 2023 年的 21.2%。信息通信产品生产和电子元器件生产领域发展较快，围绕"数据资源、基础硬件、通用软件、行业应用、安全保障"的数字产业基础不断夯实，数字产业体系完备性、规模性优势愈发明显[①]。

二、数字消费新动能更加强劲

连续 11 年成为全球规模最大的网络零售市场。网民规模连续多年位居世界第一，2023 年底已达 10.92 亿人，庞大的网民规模奠定了超大规模市场优势。2023 年电子商务交易额 468273 亿元，比上年增长 9.4%；网上零售额 15.42 万亿元，近 5 年累计增长 45.1%，其中实物商品网上零售额占比达到 27.6%，创历史新高。数字消费新热点更加多元。在线旅游、在线文娱和在线餐饮销售额合计对网络零售总额增长贡献率为 23.5%，拉动网络零售总额增长 2.6 个百分点。其中在线旅游销售额增长 237.5%，哈尔滨冰雪季、贵州"村超"等旅游亮点频出；在线文娱销售额增长 102.2%，其中演唱会在线销售额增长 40.9 倍；在线餐饮销售额增长 29.1%，占餐饮消费总额比重进一步提高到 22.2%。智能化驱动消费升级。智能手机、扫地机器人、智

---

① 国家数据局：《数字中国发展报告（2023 年）》，2024 年 6 月，第 11—12 页。

能手表、智能音箱、智能语音空调等智能产品销量全球领先①。

三、数字经济投融资增速持续领跑其他领域

高技术产业投资持续向好。2023 年，高技术制造业、高技术服务业投资分别增长 9.9%、11.4%。高技术制造业中，计算机、通信和其他电子设备制造业投资同比增长 9.3%，增速比全部固定资产投资高 6.3 个百分点。2023 年 A 股 IPO（首次公开募股）市场中，计算机、通信和其他电子设备制造业上市企业数量和募资金额均排名第一。智能制造领域投融资活跃。智能制造领域投融资事件数量占全部投融资事件总数的比重逐年上升。生成式人工智能（AIGC）成为投资新晋热点。通用大模型、元宇宙/数字人、AI 芯片三个细分领域的融资最为活跃，尤其通用大模型的融资金额增长较快。自 2011 年以来，我国一直是全球数字经济投资的重要目的地，也是亚太地区最大的数字经济外国直接投资流入国②。

四、高质量共建"数字丝绸之路"

（一）打造"一带一路"数字经济国际合作平台

成功举办第三届"一带一路"国际合作高峰论坛数字经济高级别论坛，与 14 个国家共同发布《"一带一路"数字经济国际合作北京倡议》，从基础设施、产业转型、数字能力、合作机制等方面，提出进一步深化数字经济国际合作的 20 项共识。在

---

① 国家数据局：《数字中国发展报告（2023 年）》，2024 年 6 月，第 13—14 页。
② 国家数据局：《数字中国发展报告（2023 年）》，2024 年 6 月，第 14—15 页。

第三届"一带一路"国际合作高峰论坛贸易畅通专题论坛期间，中国与阿富汗、阿根廷等35个国家共同发布《数字经济和绿色发展国际经贸合作框架倡议》，内容包括数字领域经贸合作、绿色发展合作、能力建设、落实与展望等四个部分，设置营造开放安全的环境、提升贸易便利化水平、弥合数字鸿沟、增强消费者信任、营造促进绿色发展的政策环境、加强贸易合作促进绿色和可持续发展、鼓励绿色技术和服务的交流与投资合作等七个支柱[①]。

（二）"数字丝绸之路"成果日渐丰硕

不断推进"一带一路"数字基础设施互联互通，加快建设数字交通走廊，多条国际海底光缆建设取得积极进展。截至2023年底，构建超190套跨境陆缆系统，广泛建设5G基站、数据中心、云计算中心、智慧城市等，对传统基础设施如港口、铁路、道路、能源、水利等进行数字化升级改造，"中国-东盟信息港""数字化中欧班列""中阿网上丝绸之路"等重点项目全面推进，"数字丝路地球大数据平台"实现多语言数据共享。"云上大讲堂"已为80多个国家开展线上直播培训，成为发展中国家普通民众提升数字素养的优秀平台。数字支付系统在"一带一路"国家得到广泛应用，为131个共建国家开通了银联卡业务和银联移动支付功能，为国际贸易提供了便捷的支付方式[②]。

---

① 国家数据局：《数字中国发展报告（2023年）》，2024年6月，第43—44页。
② 国家数据局：《数字中国发展报告（2023年）》，2024年6月，第44页。

第四节　我国企业数字化转型现状

在结构方面，产业数字化依然是全球数字经济发展的主导力量。数字技术加速向传统产业渗透，2022 年，全球 51 个主要经济体数字产业化规模为 6.1 万亿美元，占数字经济比重为 14.7%，占 GDP 比重为 6.8%；而产业数字化规模为 35.3 万亿美元，占数字经济比重为 85.3%，占 GDP 比重为 39.3%，较上年提升约 1.8 个百分点[①]。下面来看两个研究机构对我国企业数字化转型现状的分析。

一、埃森哲的有关研究结果

埃森哲发布了一份名为《2023 年中国数字化转型指数》的调查研究报告。这一指数通过跨行业研究，评估了中国各地企业的数字化成熟度。该指数分析了五项新能力，包括战略、运营和创新、数字核心、可持续性和人才，这是推动业务重塑的关键。《2023 年中国数字化转型指数》的研究结果表明，只有 2% 的中国企业正在进行全面、持续的数字化转型，以推动长期、可持续的增长；只有 22% 的企业正在对其组织的各个部分进行转型；只有 28% 的企业认识到数字化转型是一个持续的过程。企业在构建重塑所需的关键能力方面落后。中国企业在优化运营方面得分为 58 分（百分制），在构建数字核心方面得分为 39 分，这可能会阻碍它们利用生成式人工智能等技术。但有

---

① 中国信息通信研究院：《全球数字经济白皮书（2023 年）》，2024 年 1 月，第 16 页。

46%的受访者表示，他们将增加对人工智能和自动化的未来投资。在加强数字核心方面，该研究认为，技术格局已经发生变化，公司需要构建云优先的基础设施，为大型语言模型和人工智能创建数据基础，跨技术平台无缝工作并应对安全威胁。该报告显示，在未来一到两年内，中国企业将增加在云计算（37%）和安全（36%）方面的投资。在赋能未来的员工方面，该研究认为，重塑型企业将其人才战略作为成功重塑的核心驱动力，为员工提供数字化工具和技能，以满足未来需求。但该报告的调查结果显示，只有33%的中国企业认为人才是推动企业成功转型的核心；而在全球范围内，这一比例为52%[①]。

二、《企业数字化转型成熟度发展报告》的结论

北京国信数字化转型技术研究院、中关村信息技术和实体经济融合发展联盟于2023年3月发布了《企业数字化转型成熟度发展报告（2022）》。该研究报告按照数据要素由局部到全局、由内到外、由浅到深、由封闭到开放的趋势和特征，将数字化转型分为规范级、场景级、领域级、平台级和生态级等5个发展阶段，并从广度和深度两方面综合考虑将成熟度划分为10个水平档次。样本覆盖了全国31个省（区、市）、新疆生产建设兵团和香港/澳门特别行政区，离散制造、混合制造、流程制造、采掘、电力生产、能源供应、农林牧渔、建筑、科研和技术服务、通信、批发零售、金融、交通运输、其他服务业等

---

① 埃森哲：《2023年中国数字化转型指数》，https://finance.sina.com.cn/tech/roll/2024-01-13/doc-inacimnm1093201.shtml。

14 个行业类别，以及大中小等各种规模、不同类型企业。该研究报告认为，近年来伴随着一系列国家和地方政策规划的出台，我国企业的数字化转型步入快车道，已经由"启蒙阶段"迈入全面落地、走深向实的"攻坚阶段"。该研究发现，我国企业数字化转型整体处于"厚积薄发"期，全国近一成企业已经步入实质性转型阶段，企业数字化转型成熟度指数达到 25.4，不同行业、不同地区、不同规模企业发展进程不一，企业在数字化转型战略部署、数字能力建设提升、数字技术融合应用、数字人才队伍培育、数据要素开发利用、业务创新转型发展方面均取得了一系列进展。依据企业性质、规模、行业等分类后，该研究报告又得出以下结论[①]：

（一）从企业性质角度看，国有企业成熟度更高

2022 年，企业数字化转型成熟度指数为 25.4，较 2021 年增长 10.9%。作为国民经济发展的中坚力量，国有企业成熟度指数为 29.2，较全国企业平均水平高 15.0%，对加速我国从工业经济向数字经济转型起到了引领作用。

（二）只有近一成的企业步入实质性转型阶段

从发展阶段及水平档次来看，超过 90% 的企业集中在规范级阶段，表明当前大部分企业数字化转型的工作重心在于通过信息技术应用实现业务的规范化运行与管理，提升可管可控水平。7% 的企业达到了场景级阶段，数字场景建设已初见成效，有效提升了核心业务能力的柔性和业务长板的动态响应水平。

---

① 北京国信数字化转型技术研究院、中关村信息技术和实体经济融合发展联盟：《企业数字化转型成熟度发展报告（2022）》，2023 年 3 月，第 8—23 页。

仅有不到0.1%的企业达到了领域级及以上发展阶段,实现了企业级主营业务领域的全面集成、柔性协同和一体化运行。

(三)行业总体呈现梯队发展态势

不同行业因发展基础、企业构成等不同,其数字化转型的现状、进程、模式和发展趋势不尽相同。总体看来,行业数字化转型发展水平不平衡现象仍较为明显。在成熟度指数方面,电力供应业、通信业数字化转型成熟度指数超过40,处于第一梯队,高于全国企业平均水平一半以上。交通运输业、科研和技术服务业的数字化转型成熟度指数介于30—40区间,明显高于企业平均水平,处于第二梯队。离散制造业、流程制造业、发电行业、投资保险业、建筑业、采掘业数字化转型成熟度指数均低于30,在企业平均水平上下小幅区间范围内,处于第三梯队。

(四)服务型行业转型进程大幅领先于生产型行业

从生产型行业和服务型行业的比较来看,服务型行业转型进程大幅领先,进入转型阶段的企业比例是生产型行业的2.4倍。从数字化转型发展阶段和水平档次看,通信业、交通业、科研和技术服务业等水平领先的服务型行业,达到5档(场景级:数字化集成)及以上水平档次的企业比例平均值达到15.5%(通信业达到19.2%),是发电行业、建筑业、采掘业、电力供应行业、离散制造业、流程制造业等生产型行业平均水平的2.4倍,转型进程遥遥领先。

(五)重点区域发展情况

总体来看,长三角、珠三角地区数字化转型整体水平较高,西南地区成为中西部数字化发展的重要力量。分析重点区域数字化转型成熟度指数水平发现，区域间数字化转型不平衡现象依然存在，长三角、珠三角地区的成熟度指数最高，分别达到26.7、25.7，较全国平均水平分别高出5.1%、1.2%。得益于重庆、四川、贵州近年来数字化转型的快速发展，西南地区紧随其后，成为带动区域数字化转型发展的重要力量。东北、西北地区仅5%的企业达到场景级及以上发展阶段，远远落后于领先区域数字化转型进程。

（六）不同规模企业发展情况

企业规模与成熟度指数呈现正相关，特大型企业指数水平比小型企业高出50%。特大型企业数字化转型成熟度指数为30.5，较全国平均水平高20.4%，大型企业数字化转型成熟度指数为27.4，较全国平均水平高7.9%。

量大面广的中小企业（占样本企业数量92.9%）的数字化转型水平相对滞后，特别是小型企业，其成熟度指数仅为20.8，远低于全国平均水平以及大型企业发展水平。小型企业处于"起步爬坡"期，仅5.5%的企业进入实质性转型阶段。从不同规模企业数字化转型水平档次分布看，特大型、大型、中型、小型进入实质性转型阶段（即数字化转型水平档次达到场景级5档以上）的企业比例分别为21.9%、15.7%、9.9%、5.5%，小型企业数字化转型整体仍处于夯实基础阶段，发展进程远落后于大中型企业。与大中型企业相比，小型企业在人员、资金、技术、数据等方面基础相对薄弱、投入相对有限，普遍面临不会转、不能转、不敢转等问题和困境，未来需要进一步加大政策精准支持力度，构建完善的多层次公共服务体系，降低中小企业数字化转型门槛。

（七）企业数字化转型的目的

进入数字时代，企业更加注重增强竞争合作优势的可持续性和战略柔性，逐步从过去的单纯竞争向构建多重竞合关系转变，以有效应对快速变化和不确定市场竞争合作环境。数据显示，22.4%的企业通过部署数字化战略，拟获取传统主营业务的成本降低、效率提升、质量提高等竞争合作优势，21.7%的企业旨在获取创新型产品或服务的价格、性能、服务等竞争合作优势，1.4%的企业尝试获取数据驱动的个性化产品快速迭代等竞争合作优势，1.6%的企业尝试获取跨产业链的产品创新、业务模式创新、跨界增值服务等竞争合作优势。

（八）企业稳步推进新型数字基础设施建设

新型数字基础设施是数字化转型的底座，企业普遍重视数字时代新基建，在 OT（操作技术）基础设施、IT（信息技术）基础设施、网络等方面进行长期建设，取得了明显成效。数据显示，OT 基础设施、IT 基础设施、网络至少能够支持实现主营业务场景级综合集成和动态优化的企业占比分别达到 18.2%、27.5% 和 14.1%。

（九）数字技术平台建设加速知识技能沉淀与共享利用

数字技术平台是现代企业的操作系统，承载数字化、模型化、软件化、平台化的知识技能，支持企业实现端到端的数据驱动型决策和业务运营，赋能新模式新业态培育。统计显示，12.6%的企业至少运用了场景级云平台，支持实现关键业务知识、能力的云化动态共享与优化。28.9%的企业应用了计算、存储等云基础设施，17.7%的企业通过自建或应用第三方平台实现主要业务系统上云，9.7%的企业实现业务基础资源和能力的模块化、平台化部署，供全企业范围动态调用和配置，6.7%的企业成为社会化能力共享平台的核心贡献者，与合作伙伴共同实现生态基础资源和能力的平台部署、开放协作和按需利用。

（十）数字人才队伍培育

数字人才是数字化转型的根基。所谓数字人才，即具备一定的数字素养与技能，能够胜任数字时代相关职责、工作或角色的人。统计显示，已经有超过二成的企业建立了适应数字化转型需求的领导力提升机制，27.2%的企业着手建立数字化人才体系，为数字场景、数字企业等建设提供人才要素保障。数据显示，3.1%的企业建立了以敏捷为核心的数字企业建设意识培养和能力提升机制，确保实现企业级主营业务活动全面集成融合、柔性协同和一体化运行。14.6%的企业建立了以结果为核心的数字化的业务场景建设意识培养和能力提升机制，确保实现主营业务数字化、场景化和柔性化运行。但仍然有30.5%的企业围绕业务信息化规范管理和集成，建立以控制为核心的（新一代）信息技术应用意识培养和能力提升机制，与数字化转型提倡的开放、敏捷和柔性存在一定差距。

（十一）数字化人才管理

近年来，企业多措并举推进数字化人才管理，加强激励机制创新，不断激发员工内生动力。企业出台了形式多样的数字化人才管理措施，其中27.6%的企业制订了数字化人才队伍建设规划，并形成了规划执行实施和考核机制；23.8%的企业制定了数字化人才的培训制度；22.7%的企业建立了专门的数字化岗位与职位序列，并将其纳入企业的整体制度体系；18.4%的企业形成了以价值贡献为导向的数字化人才绩效考核、薪酬和晋升激励制度；8.5%的企业建立了跨企业的数字化人才共享和流动管理机制。

（十二）数据要素开发利用

数据具有可无限复制、通用性强、与其他生产要素协同性高等特征，这使得它作为生产要素高度契合数字经济模式，在驱动经济发展方式转变中发挥了主导性的作用。企业数据资源日益丰富，实现用数据说话、用数据决策、用数据管理、用数据创新对推动企业数字化转型具有重要意义。

企业日益重视数据要素作用并部署数据驱动转型措施。在数字化转型浪潮中，企业愈加重视数据价值，将数据作为关键资源，部署开展数据采集、存储、传递、利用等工作。数据显示，35.9%的企业设立和实施数据开发利用项目，21.7%的企业在数据开发利用方面安排了长期稳定的资金投入，22.1%的企业拥有专职从事数据开发利用的队伍，5.4%的企业兼并、收购或孵化具有专业数据能力的公司或团队，4.4%的企业将数据开发利用实践经验输出为国家/国际标准。

企业数据"采、集、享、用"水平日益提升。在数据采集方面，38.6%的企业可以至少在主营业务板块，通过数据采集设备设施，实现所有业务活动相关数据的自动采集。在数据集成和共享方面，17.8%的企业至少能够在主营业务板块实现所有业务活动相关数据的集成与共享。企业不同业务条线间存在数据壁垒，需要加强数据标准化治理，逐步打通跨系统的数据传递和共享。数据开发是实现数据驱动发展的核心引擎，也是数据价值和企业价值实现的核心环节。统计显示，24.7%的企业至少构建了覆盖其主营业务板块的业务机理模型，支持实现业务活动的柔性运行和模型推理型决策。

（十三）信息安全

信息安全是数字化转型的基石和衡量工作成效的红线。数据显示，29.3%的企业构建的信息安全管理体系至少能够满足主营业务数字化、场景化、柔性化运行对信息安全的要求。部分企业也认识到管理体系需要有相应的执行机制配合才能确保落地运行，有29.3%的企业配套建立了信息安全执行活动的数字化动态跟踪和集成管控机制。在国家高度重视的安全可控机制方面，23.8%的企业已建立核心数字技术、数字化设备设施、业务系统、数据模型等的安全可控机制。

第五节　我国制造业与
装备制造业数字化转型现状

党的二十大报告提出要"加快发展数字经济，促进数字经济和实体经济深度融合，打造具有国际竞争力的数字产业集群"，《中华人民共和国国民经济和社会发展第十四个五年规划和2035年远景目标纲要》也指出要"坚持把发展经济着力点放在实体经济上，加快推进制造强国、质量强国建设，促进先进制造业和现代服务业深度融合"。

一、制造业数字化转型现状

（一）制造业数字化转型持续深化

国家数据局《数字中国发展报告（2023年）》的相关数据显示，我国工业企业关键工序数控化率和数字化研发设计工具普及率都稳步提升（见图 3-3）。2023 年，我国关键工序数控化率和数字化研发设计工具普及率分别达到 62.2% 和 79.6%，较 2019 年分别提高了 12.1 和 9.4 个百分点。累计建成 62 家"灯塔工厂"，占全球总数的 40%，全年新增 11 家，占全球新增总数的 52.4%。累计培育 421 家国家级智能制造示范工厂。智能制造装备产业规模突破 3.2 万亿，培育主营业务收入 10 亿元以上的智能制造系统解决方案供应商超 150 家。2019—2023年，工业互联网核心产业增加值从 0.87 万亿元增至 1.35 万亿元，带动渗透产业增加值同期从 2.32 万亿元增至 3.34 万亿元①。

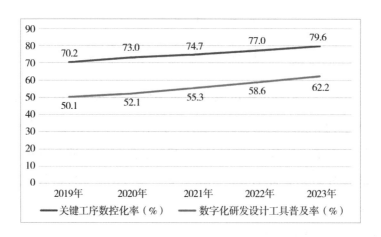

来源：《数字中国发展报告（2023 年）》

图 3-3 全国工业企业关键工序数控化率、数字化研发设计工具普及率

———————————

① 国家数据局：《数字中国发展报告（2023 年）》，2024 年 6 月，第 15—16 页。

（二）制造业数字化和智能化速度加快

2024年3月27日，由联想集团和中国信息通信研究院共同撰写的《中国企业智能化成熟度报告（2023）》正式发布。该《报告》指出，中国企业数字化发展进入新阶段，并加速迈进全面智能化发展新阶段。

近年来，联想联合中国信通院共同打造了企业智能化转型框架和中国企业智能化成熟度模型。其中，转型框架突出"价值引领、体系化推进"的转型理念，聚焦运营、战略和行业与社会三大价值，提出一体化推动做好智能化转型战略、智能业务运营、数字底座和组织与文化变革四个方面的工作。成熟度模型则将企业智能化成熟度划分为L1—L5五个水平，分别是单点尝试、局部建设、数字底座建设、智能运营和创新发展。《报告》指出，中国经济当前已经进入"总量增长缓慢、产业结构深度调整"时期，从高速增长阶段向高质量发展阶段转变。各企业纷纷进入数字化转型洪流，加快了数字化智能化转型的进程。相比上一年，企业达到L4—L5水平的比例提升了6个百分点，占比达22%；达到L2水平的比例提升了10%；与此同时，处于L1水平的企业比例减少了3%。从行业来看，除建筑和流通行业之外，绝大多数行业的智能化成熟度水平相比去年均有所提升。制造业发展尽管内部呈现发展不平衡的状态，但领先企业的占比以及成熟度均值提升最快，加快进入数字化和智能化发展的快车道。《报告》也显示，受市场承压和外部环境的不确定性影响，相比上一年，企业数字化和智能化转型的基调更加务实，运营价值和战略价值仍然是最显而易见的价值提升点和最重要的价值诉求①。

二、装备制造业数字化、智能化转型现状

（一）装备制造业上市公司数字化转型现状

装备制造业上市公司和中小企业在规模、资源、市场竞争压力等方面均存在差异，这可能导致它们在数字化转型上有不同的诉求，呈现不同的特点，因此需要分别进行分析。由于基础数据的差异，一项相关研究对上市公司和中小企业的分析采用了不同的研究方法。对上市公司主要使用文本分析和指标构建的方法，通过深入挖掘上市公司年报和市场表现数据来获取数字化转型的有效信息。而对中小企业则采用了问卷调查的方式。该研究的主要结论②如下：

总的来看，装备制造业数字化转型指数呈现波动上升趋势，近年来对数字化转型的关注度持续加大。具体可分为两个阶段。第一阶段：2010—2012 年呈先升后降趋势，这一趋势与 2012 年全球经济波动有关，这一时期全球经济的不确定性和波动性较强，导致装备制造业企业对数字化转型的相关投资保持谨慎态度，以适应不确定的经济环境。第二阶段：2014 年后总体稳步上升，2018 年后增长加速，与我国的数字发展政策节点相吻合。2018 年，我国正式提出了《数字经济发展战略纲要》，明确了我国数字经济发展在基础设施、服务方面的系统战略部署，

① 李记：《〈中国企业智能化成熟度报告（2023）〉：中国企业数字化发展进入新阶段》，https://www.sohu.com/a/767281764_162758。
② 张红霞、黄隽：《装备制造业数字化转型及其对区域分布的影响分析》，《中国国情国力》2023 年第 12 期，第 12—17 页。

之后几年又不断提出相关的发展规划和政策。在这些政策的指导和引领下，各行业加速数字化转型的步伐，企业对数字化转型的关注度和积极性也进一步提升。

从区域差异来看，东部主要城市群上市公司高度关注数字化转型，转型指数保持全国领先，其中京津冀、长三角和粤港澳大湾区城市群的上市公司对数字化转型的关注度最高，数字转型指数最高的前十个城市也多属于这三个城市群。京津冀、长三角和粤港澳大湾区的中心城市对数字化转型的关注度在全国居于榜首，2010 至 2022 年间，这些城市群的中心城市周边的数字化转型指数也显著提高，体现出一定的区域协同效应。2010 到 2022 年期间，中部地区部分城市上市公司对数字化转型关注度显著提高。其中关注度提升最为显著的城市为合肥市、武汉市和郑州市。益阳市、鹤壁市和黄石市也有显著提高，益阳市和鹤壁市以计算机、通信和其他电子设备制造业为主导产业，黄石市以专用设备制造业为主导产业。西部地区上市公司对数字化转型的关注度保持上升状态，但关注程度仍然较低，成渝城市群的上市公司对数字化转型的关注度较为突出，在2010 至 2022 年间关注度增长显著，其中成都市呈现出对周边城市一定的带动引领作用。

（二）装备制造业中小企业数字化转型现状

在装备制造业的数字化转型过程中，中小企业的转型是重点也是难点。有研究者依据调查数据得出了下述结论：装备制造业中小企业数字化转型整体处于起步阶段，并且受行业性质、企业规模等因素的影响显著。在被调研的 426 家企业中，已进行数字化转型的企业为 193 家，占比 45.31%，不足一半。其中专精特新企业的数字化转型率为69.57%，占已开展数字化转型企业的58%。与之相比，一般的中小企业数字化转型率仅有30%。在数字化转型的程度上，多数企业选择的是部分生产阶段的设备自动化，占比40.93%，而完整的产线自动化或产线数字化与人机交互的比例较低，分别为20.73%和19.69%。更高级别的数字化应用，如完全的智能化，只有4.15%的企业进行了尝试。分行业来看，汽车制造业和专用设备制造业的数字化转型企业比率超过50%，电气机械和器材制造业数字化转型比率达61.11%，是数字化转型比率最高的行业。金属制品业的数字化转型率仅为37%。从企业规模来看，营业收入在2000万至4亿元之间的企业占数字化转型企业总数的比例最高，占比46.11%，而营业收入小于300万元的企业数字化转型占比不到5%。此外，企业数字化转型率与营业收入呈正相关关系，营业收入大于等于4亿元的企业数字化转型率约73.33%，2000万至4亿元的企业数字化转型率约53.29%，而营业收入为300万至2000万元及小于300万元的企业数字化转型率分别为41.71%和16.67%。总体而言，虽然装备制造业中小企业对数字化转型有一定的认识和实践，但转型的深度和广度还有待提高。行业特性和企业规模是数字化转型的重要影响因素，前者决定了当前数字技术与生产的适配度，后者决定了数字化转型的投入和抗风险能力，影响了企业转型的路径选择和实施程度[①]。

（三）我国装备制造业智能制造发展现状

有研究者比较具体地分析了我国装备制造业企业智能化发

---

① 张红霞、黄隽：《装备制造业数字化转型及其对区域分布的影响分析》，《中国国情国力》2023年第12期，第12—17页。

展的现状，得出了如下结论①：

1. 装备制造企业的智能水平具有"正三角"特征

在以智能制造为中心的今天，我国许多大型设备制造商都在加速从传统的生产方式到智能化的转变。例如，"潍柴动力"利用工业互联网实现设备、生产线和产品的连接，并搭建全球的资源分配信息支持平台；"四川长虹"立足于客户多元化的需求，将智能技术运用于产品设计、研发、生产和贸易等多个方面，使工业产品设计制造实现模块化选择、动态需求感知、柔性制造和管理等。中国目前有部分公司实现了 3.0 到 4.0 的转变，大多数公司还处于 2.0 和 3.0 并存的阶段，70% 的生产厂商还处在 2.0 的阶段，即大规模生产、电力驱动的生产模式。部分公司目前已经进入了智能生产的初级阶段，一些中小型的设备生产处在 3.0 的自动化和信息化的发展时期，绝大多数设备制造都是 2.0 时代的流水线和电力驱动，总体呈现"正三角"特征。

2. 大部分省份通过智能化制造推进了装备制造业发展

上海、河南、四川、山东、汕头等地方根据各自区域的特点，相继颁布了关于加快发展智能制造的相关政策，以提高区域内的装备制造业和整体制造业的智能化程度。例如，2021 年《上海市高端装备产业发展"十四五"规划》明确指出，到 2025 年，上海将成为具有国际影响的高端设备研发和关键技术中心，高端装备工业规模将达到 7000 亿元，市级特色产业园区

———————————

① 冯正德、张锴：《中国装备制造业在智能化驱动下的发展状况及问题》，《军民两用技术与产品》2023 年第 1 期，第 38—40 页。

数达到 20 家以上。

3. 高端装备制造业已形成集聚发展的趋势

目前，中国的高端装备制造产业已经在长三角、珠三角以及中西部等区域内集群式发展。在我国，环渤海是高端装备研发、设计、制造的一个主要区域。北京是我国航空航天、卫星、数控机床等领域的研究开发基地，而辽宁、山东、河北则依托海洋资源，在装备制造业的发展过程中逐渐形成了海洋工程装备、数控机床、铁路装备等生产基地。长三角是我国装备制造业的重点发展和制造中心，在我国的高端装备制造业中具有举足轻重的作用。上海是我国民航设备研发与生产的重要基地，而江苏则是我国先进的船舶装备制造业基地。在中西部，以株洲、太原为核心的湖南、山西已形成了铁路设备生产的主要生产基地。湖南、江西是我国航空工业的重要基地，其发展速度也很快。四川、重庆、陕西、贵州、云南等五个省（市）的装备制造业也逐步形成了航空、卫星、轨道交通装备、机械设备等行业。

4. 装备制造业产业系统逐步健全

目前，国内已有了许多相关的基础科研，并已掌握了机器人技术、感知技术、复杂性制造系统以及智能化信息技术等一系列技术，以自动化生产线为标志的智能化制造业设备工业系统已基本成型。中国装备制造业已经具备了一些数字化的基本条件。

5. 智能型装备工业具有一定规模

2012—2020 年，我国装备制造业的增加值以每年 8.2% 的速度持续发展。尤其是 2021 年，尽管受疫情影响，装备制造业仍率先复苏，带动了工业的快速复苏。到2021年末，我国装备制造业的规模及以上企业数量达到105100个，同比增加45.30%；与2012年相比，公司总资产、营业收入和利润总额分别增加了92.97%、47.76%和28.84%。

我国智能化设备制造行业发展的同时，仍存在一些不足，如缺少关节变速箱、伺服系统等，大型焊接机器人和飞机、汽车等制造装配系统的柔性程度低，生产线关键技术没有相应的知识产权，飞机的大部段零件装配缺少完全的装配功能等。

6. 装备制造行业智能发展的产业政策不断完善

要实现智能化、网络化和绿色化的转变和发展，需要国家持续的支持和关注。自2009年以来，国家和各级政府部门针对行业发展的实际需求，制定了一整套装备制造业发展的战略和方针，推动了我国制造业的转型。2009年，国家对设备制造业进行了全面的调整和振兴。2010年，国家关于加速培育和发展战略新兴工业的决策，明确了要大力发展先进制造业。2012年度的《智能制造行业发展计划》和《智能制造专项计划》着重于发展智能化制造和智能化技术，并制定以智能制造为基础的发展战略。《中国制造2025》从2015版的"装备制造业"扩展到了"智能升级"的全过程。由此可以看到，推动智能发展的产业政策也在逐步健全。

另有研究者从基础条件、建设水平、行业效益三个维度出发构建装备制造业智能制造发展评价指标体系，探究了装备制造业八个子行业智能制造综合发展水平以及不同维度下各子行业的发展情况。结果表明，装备制造业八个子行业智能制造综合发展水平存在差异，变化趋势也不同；装备制造业八个子行业在基础条件、建设能力和行业效益三个维度都存在发展不均衡的情况[①]。

第六节　我国新基建发展现状

一、网络基础设施进入提速升级新阶段

一份权威资料比较具体地介绍了我国网络基础设施的发展现状[②]：

（一）5G网络覆盖面更广且技术更先进

截至2023年底，5G基站数达337.7万个，同比增长46.1%；平均每万人拥有5G基站24个，较上年末提高7.6个百分点；5G移动电话用户数达8.05亿，在移动电话用户中占比46.6%；5G虚拟专网数量超3万个。基础电信企业IP骨干网、城域网、接入网IPv6改造全面完成，全国网络基础设施已全面支持IPv6。截至2023年底，IPv6活跃用户数达到7.78亿，移动网络IPv6流量占比达到60.88%，固定网络IPv6流量占比达到19.57%。近年来，我国网络基础设施一直保持着较好的态势，例如，移动电话基站数便是稳步增长（见图3-4）。

---

① 韩君、王菲：《新发展阶段中国装备制造业智能制造发展测度》，《财经理论研究》2022年第4期，第74—86页。

② 国家数据局：《数字中国发展报告（2023年）》，2024年6月，第3—4页。

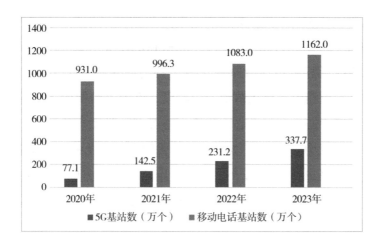

来源：《数字中国发展报告（2023年）》

图3-4　2020—2023年5G基站与移动电话基站发展情况

（二）光纤宽带网络技术不断升级

具备千兆网络服务能力的10G PON端口数达2302万个，增幅达51.2%，已形成覆盖超5亿户家庭的能力。1000Mbps及以上接入速率用户达1.63亿户，在固定宽带接入用户占比达到25.7%，较上年末提高10.1个百分点。

（三）移动物联网络用户数量持续增加

蜂窝物联网终端用户数达23.32亿户，同比增长26.4%，占移动终端连接总数比重达到57.5%。公共服务、车联网、智慧零售、智慧家居等领域蜂窝物联网终端的规模分别达7.99亿户、4.54亿户、3.35亿户和2.65亿户。

二、算力基础设施达到世界领先水平

一份权威资料显示，截至2023年底，全国在用数据中心标

准机架超过 810 万架，数据中心标准机架数量稳步、快速增长
（见图 3-5）。算力总规模达到 230EFLOPS，居全球第二位，算
力总规模近五年年均增速近 30%，存力总规模约 1.2ZB。8 个
国家算力枢纽节点进入落地应用阶段。算力供给结构逐步优化，
包括超算中心、数据中心、智算中心等多种类型。截至 2023 年
底，智能算力规模达到 70EFLOPS，增速超过 70%。全国累计
建成国家级超算中心 14 个，全国在用超大型和大型数据中心达
633 个、智算中心达 60 个（AI 卡 500 张以上），智能算力占比
超 30%[①]。

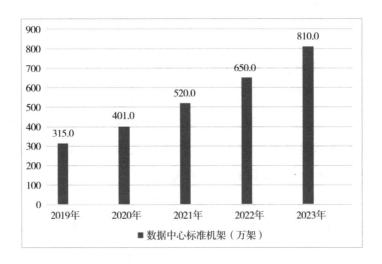

来源：《数字中国发展报告（2023 年）》

图 3-5　2019—2023 年数据中心标准机架发展情况

---

① 国家数据局：《数字中国发展报告（2023 年）》，2024 年 6 月，第 4—5 页。

另一份权威资料也显示，截至2023年7月，我国算力网络建设持续完善，在数据中心、智算中心、超算中心等方面均实现跨越式提升，带动我国算力规模达到全球第二，并保持30%左右的年增长率高速发展。智算中心抢先布局，全国约30个城市在建或筹建智算中心，基于不断增长的算力需求规划多期扩容建设，建成的智算中心在性能、效率、绿色等方面具备显著优势。超算中心积极推进，为应用特大规模的计算需求提供支撑，并深度融入石油勘探、工业设计等领域，不断推动技术创新和产业升级[①]。

三、工业互联网发展势头较好

近年来，我国工业互联网发展态势良好，工业互联网平台数量稳步、快速增长（见图3-6）。中国信息通信研究院发布的一份名为《中国工业互联网发展成效评估报告（2024年)》的研究报告比较具体地分析了我国工业互联网的发展现状。这份研究报告所使用的工业互联网发展成效评价体系综合考虑了多方面因素，包含了工业互联网的内涵和体系架构、我国在工业互联网领域出台的重要政策文件及具体措施行动，以及当前产业界现有的相关评价体系等。

该研究所使用的指标体系，即工业互联网发展成效指数评价框架由基础能力、技术创新、产业发展、应用推广和发展环境5个一级指标、19个二级指标组成，并依据全国和区域工业

---

① 中国信息通信研究院：《中国工业互联网发展成效评估报告（2024年)》，2024年6月，第16页。

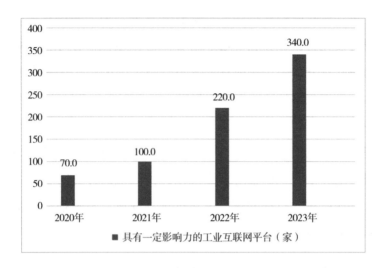

来源：《数字中国发展报告（2023 年）》

图 3-6　2020—2023 年工业互联网平台数量

互联网发展成效评价的特点设置相应的三级指标。该工业互联网发展成效评价体系中的评价指标数据来源既包含工业和信息化部及中国信息通信研究院等下属科研单位，也包含智慧芽、企查查、全国标准信息公共服务平台等外部权威数据库，指标体系具备科学性、权威性、代表性①。

（一）我国工业互联网进入全面推进的快速增长期

全国工业互联网发展成效指数显示，2020—2023 年，我国工业互联网发展成效指数从 100 提升至 235（见图 3-7），年均增长率为 33%，基础能力、技术创新、产业发展、应用推广、发展环境等分项均实现较大幅度增长。工业互联网整体呈现加

---

① 中国信息通信研究院：《中国工业互联网发展成效评估报告（2024 年）》，2024 年 6 月，第 9 页。

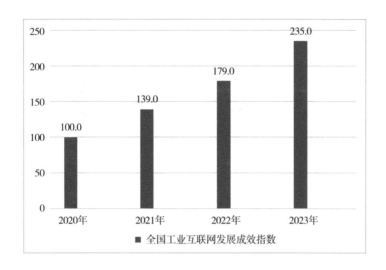

来源：《中国工业互联网发展成效评估报告（2024）》

图3-7　2020—2023年全国工业互联网发展成效指数

速迭代演进的趋势，正进入全面推进的快速增长期。基础能力指数高速增长，反映政府基础设施布局建设适度超前，目前正从高速增长阶段平稳过渡到高质量发展阶段，基础设施布局结构不断优化，新型基础能力建设持续加强，整体发展仍保持强劲势头，稳步前行在高速发展的道路上。基础能力指数连续三年高速增长，从"规模扩张"向"质量提升、结构优化、功能升级"转变。

2020—2023年，我国工业互联网基础能力指数从100提升至311（见图3-8），连续三年增速保持30%以上，2023年对整体指数增幅的贡献率高达17.3%。网络、平台、安全、数据、标识等"3+2"基础设施体系建设一体化发展，整体从高速增长迈向稳步推进、结构优化，其中标识对基础指数增幅贡献率达50.5%。技术创新指数稳步提升，创新能力不断释放，随着

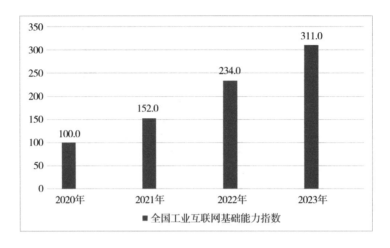

来源：《中国工业互联网发展成效评估报告（2024）》

图 3-8　2020—2023 年全国工业互联网基础能力指数

工业互联网成为深入推进新型工业化的催化剂和拉动实体经济跃升的加速器，战略支撑作用日益凸显，未来持续努力，有望取得进步并带动整体产业竞争力提升。产业发展指数增长提速，产业供给规模和质量不断提升，产业发展指数连续三年增速维持在 30% 左右，预期将接棒基础能力指数成为下阶段增长主力。应用推广指数稳定增长，前期处于初步广泛探索阶段，而后逐步转向精准化、有序化的推广策略，随着技术不断融合和应用规模化深入普及，应用推广指数具有较强的增长潜力。发展环境指数增幅领先，表明工业互联网加码布局的政策已逐步落地，对推动产业发展、技术创新、应用落地作用明显①。

　　除了本节前半部分已经分析过的网络基础设施和算力基础

---

① 中国信息通信研究院：《中国工业互联网发展成效评估报告（2024 年）》，2024 年 6 月，第 12—13 页。

设施建设外，我国工业互联网建设还在其他一些方面取得了显著的成就。

（二）多层次工业互联网平台体系基本形成

多层次工业互联网平台体系基本形成，"双跨平台"成为高水平发展代表。我国已培育具有一定影响力的综合型、特色型、专业型平台超过270家，其中跨行业、跨领域工业互联网平台达50家。从平台对传统工业知识的沉淀水平来看，我国平台对行业知识复用、创新迭代能力大幅提升。2023年8月发布的《跨行业跨领域工业互联网平台发展八大成效》的数据显示，重点平台平均承载工业机理模型超2.45万个，覆盖9大领域，共沉淀工业机理模型超123.7万个。从平台在垂直行业具体落地实施情况来看，重点平台应用不断深化，对企业赋能作用凸显。如某工业互联网平台服务企业用户超10万家，工业APP数量超过2000个，聚焦电子信息制造并涵盖化工、钢铁、汽车、装备等多个行业，推动70多家集群企业开展工业互联网应用①。

（三）安全保障体系在政府统筹下逐渐完善

安全保障体系在政府统筹下逐渐完善，管理体系和服务能力同步提升。安全管理体系方面，我国已基本形成工业互联网安全工作体系。在2019年发布的《加强工业互联网安全工作的指导意见》基础上，2023年10月发布《工业互联网安全分类分级管理办法（公开征求意见稿）》，吸纳各方建议，加快建立

---

① 中国信息通信研究院：《中国工业互联网发展成效评估报告（2024年）》，2024年6月，第15页。

健全工业互联网安全管理制度体系，深入实施工业互联网安全分类分级管理。安全公共服务方面，基本建成部、省、企业三级联动的工业互联网安全监测服务体系，通过实时安全监测、动态预警和信息通报，实现对工业网络安全态势的全面感知与监测。各地积极开展工业互联网企业网络安全实网攻防演练，湖南省组织 15 支专业网络攻击队伍，通过演练平台对省内 135 家工业互联网企业发动远程网络渗透攻击，发现 154 个漏洞，协助企业提升网络安全能力[①]。

（四）标识解析体系建设持续深入

标识解析体系建设完备，"5+2"的东西南北中一体化格局全面形成，北京、上海、广州、武汉、重庆五大顶级节点和南京、成都两大灾备节点稳定运行，构建了自主、可控、开放、可靠的工业互联网标识解析体系，有效提升解析服务整体性能。节点规模迅速扩张，在各地市、重点行业已形成支撑能力。截至 2023 年底，国家顶级节点稳定运行，二级节点上线超过 330 个，实现全国 31 个省（区、市）全覆盖，日均解析超 1.5 亿次，逐步成为推动企业数字化转型和经济社会高质量发展的关键支撑。重点行业融合不断深入，累计服务企业数量超过 40 万家，覆盖了汽车制造、电子信息、钢铁、石化等 46 个行业，不仅为研发、采购等前置环节提供服务，同时也积极向生产、仓储、物流及销售等核心环节延伸[②]。

---

① 中国信息通信研究院：《中国工业互联网发展成效评估报告（2024 年）》，2024 年 6 月，第 15—16 页。
② 中国信息通信研究院：《中国工业互联网发展成效评估报告（2024 年）》，2024 年 6 月，第 17 页。

（五）工业互联网在企业层面的应用不断加深

在企业层面，工业互联网应用渗透率不断加快，形成一批示范应用标杆。一是企业数字化投入加大，内生动力增强。IDC数据显示，2023年中国数字化转型支出预计3850亿美元，并将以17.9%的年复合增长率持续增长，较全球16.7%的增长率高出1.2个百分点。二是重点应用覆盖面扩大，向核心环节加快渗透。2023年，"5G＋工业互联网"项目发展已覆盖工业的全部41个国民经济大类，培育形成了一大批典型融合应用模式，从研产供销服各单点环节向全环节持续渗透。深化数字化管理、服务延伸、个性化定制、平台化设计等模式，应用范围从视频监控、质量检测等生产外围环节逐步向研发设计、生产控制等制造核心环节延伸。三是企业加速探索应用路径，标杆示范效应凸显。企业纷纷通过诊断评估明确自身问题与需求，打造出一批标杆示范项目。截至2023年底，全国各地聚焦原材料、装备制造、消费品、电子信息等行业累计建成421个国家级智能制造示范工厂，并依托企业在技术、装备、工艺等方面的关键需求，积极打造具有较高技术水平、应用价值的解决方案，形成1235个典型应用场景[①]。

（六）工业互联网在装备制造业的应用不断加深

装备制造业从复杂产品研制的数字化设计与柔性化生产切入，加速供应链协同优化，探索服务化衍生。某轨道交通装备企业关注产品实时监控和动态运维，依托轨道交通一体化数据

---

① 中国信息通信研究院：《中国工业互联网发展成效评估报告（2024年）》，2024年6月，第24—25页。

传输体系对轨交装备开展远程健康监控与预测性维护①。

（七）工业互联网发展环境不断改善

近年来我国工业互联网发展环境指数增幅领先，政策、人才、资金等要素保障加速完善。2023 年，我国工业互联网发展环境指数达 296，连续三年增速在 30% 以上，形成了强大的生态支撑能力。通过政策、资金和人才协同发力，提供工业互联网发展所需的公共服务，为区域创新增添活力，打造活跃产业生态，持续营造良好发展环境②。

国家数据局的《数字中国发展报告（2023 年）》也显示我国工业互联网产业发展势头较好：5G 行业应用已融入 74 个国民经济大类，应用案例超 9.4 万个。低时延、高可靠、广覆盖的工业互联网网络基本建成。截至 2023 年底，全国已创建示范应用项目超 8000 个，5G 工厂 300 个；具有一定区域和行业影响力的综合型、特色型、专业型工业互联网平台数量大幅增加，重点平台连接设备超过 9600 万台（套）③。

---

① 中国信息通信研究院：《中国工业互联网发展成效评估报告（2024 年）》，2024 年 6 月，第 26 页。
② 中国信息通信研究院：《中国工业互联网发展成效评估报告（2024 年）》，2024 年 6 月，第 28 页。
③ 国家数据局：《数字中国发展报告（2023 年）》，2024 年 6 月，第 5 页。

第四章

新基建赋能装备制造业
数字化转型中的问题分析

第一节 我国数字经济发展中存在的问题

当前，全球新一轮科技革命与产业变革加速演进，数字技术创新不断取得突破，日益深度地融入经济社会发展各领域全过程，极大改变了全球要素资源配置方式、产业发展模式和人民生活方式，为加快建设数字中国，推进中国式现代化，构筑国家竞争新优势提供了重要历史机遇。与此同时，全球数字领域竞争加剧，数据安全风险日益突出，我国数字关键核心技术还存在短板，数字化发展不平衡、不充分问题仍较为明显，这成为建设数字中国必须面对和解决的重大课题。

一、国际形势

当前，国际上数字化发展方兴未艾，具体表现①如下：

（一）全球数字化变革浪潮涌现

数字技术是世界科技革命和产业变革的先机。目前，数字

---

① 国家数据局：《数字中国发展报告（2023年）》，2024年6月，第46—47页。

技术演进已经从导入期进入全面拓展期，以人工智能、云计算、区块链、大数据等为代表的数字技术迅猛发展，向经济社会各个领域快速渗透，全面推动了社会治理方式和人们生产生活方式的转变，加速了人类向数字社会的跃迁。

（二）各国深入推进数字化发展战略

伴随全球数字技术的不断突破，世界各国普遍认识到加强数字化发展的重要性和紧迫性，纷纷将数字技术作为优先发展领域，加强前瞻性战略布局，陆续公布和实施数字化发展战略，加大投入力度，推动国际数字领域竞争日趋激烈。数字时代的国际格局正在加速重塑。

（三）国际数字治理合作方兴未艾

数字技术的快速发展对国际数字治理提出新的要求，推动国际社会加快通过合作推进数字治理体系构建。世界贸易组织、二十国集团等多边合作机制以及《全面与进步跨太平洋伙伴关系协定》（CPTPP）、《区域全面经济伙伴关系协定》（RCEP）、《数字经济伙伴关系协定》（DEPA）等区域性经贸合作协定均在积极进行数字治理合作探索，全球多双边数字治理机制不断完善。

二、我国数字经济发展中存在的主要问题

我国政府高度重视数字化发展，制度体系不断健全，体制机制加快构建，数字经济动能不断增强，数字政府效能不断提升，数字社会建设全面推进，呈现出良好发展态势，为推进中国式现代化注入强大动力。但目前我国数字经济发展仍面临着

如下一些问题①:

(一) 数字关键核心技术仍存在短板

我国数字技术创新能力持续提升，但数字关键核心技术对外依存度依然较高，高端芯片、工业控制软件、核心元器件、基本算法等与数字产业相关的关键技术仍受制于人。原创性颠覆性技术储备不足，生成式人工智能技术创新、生态构建能力与国际领先水平仍存在较大差距。

(二) 数字化发展水平不平衡

近年来我国数字化发展较快，但发达地区与欠发达地区在数字基础设施建设、数字化技术应用等方面存在较大差距；农村地区数字化进程滞后于城市；不同社会群体之间数字化技术的应用能力存在较大差异，部分老年人、残疾人等群体面临数字鸿沟的挑战。

(三) 数字基础设施有待优化升级

我国算力总规模位居全球第二位，但算力基础设施建设仍存在短板，算力资源布局有待优化，使用率存在提升空间，算力网络传输性能、协同调度能力仍有待提升，算力网络在赋能行业发展方面的能力还有进一步提升空间。

(四) 数字安全风险需高度关注

近年来，我国不断完善法律法规，加强数字安全防护和提升数字治理效能，但侵害个人隐私、侵犯知识产权、平台垄断、算法滥用等问题频繁出现，数字基础设施遭受攻击、大规模重要数据和个人信息被泄露等各类数字安全威胁风险仍然存在，

① 国家数据局:《数字中国发展报告 (2023 年)》，2024 年 6 月，第 47—48 页。

关键信息基础设施应对国家级网络攻击的能力有待提升。

三、"十三五"期间信息通信行业发展中的问题

其实，我国数字经济发展方面存在的部分问题在"十三五"期间就体现得比较明显了。工业和信息化部所发布的《"十四五"信息通信行业发展规划》就指出："十三五"期间，我国信息通信行业虽取得显著成就，但还存在一些短板和弱项，行业发展与人民美好数字生活的需要还存在一定差距。一是国内信息基础设施区域发展不平衡仍然存在，国际海缆、卫星通信网络和云计算设施全球化布局尚不完善。二是信息通信技术与生产环节的融合应用程度不够，技术和数据等要素价值有待进一步挖掘，产业创新生态有待完善。三是行业法律法规体系有待进一步完善，行业管理能力与数字经济创新发展的适应程度还有待进一步提升，与国家治理体系和治理能力现代化要求仍然存在差距。四是网络安全保障体系和能力需要持续创新强化，网络安全产业供给水平不足，尚不能完全适应经济社会全面数字化、网络化、智能化发展的需要[1]。

第二节　我国装备制造业数字化转型中的问题

一、装备制造业数字化水平仍有待提高

自中美经贸摩擦以来，中国制造业大而不强、基础能力整

---

[1]　工业和信息化部：《"十四五"信息通信行业发展规划》，2021 年 11 月，第 3 页。

体较弱、部分核心环节严重受制于国外的短板更加凸显，其中装备制造业尤为突出①。随着当前经济发展方式转变、经济结构优化调整与新一轮科技革命的突破爆发，我国亟须通过数字经济与装备制造业深度融合催生的动力变革、效率变革、质量变革机制培育高质量发展新动能。然而现阶段，数字经济与装备制造业在技术创新、基础设施、市场体系、产业生态维度均存在融合不深的制约因素，极大地阻碍了高质量发展的新动能培育。我国是在工业化还未完成时就赶上数字化革命的浪潮，在此背景下装备制造业的现时产值虽已位居世界首位，但位势尚处于全球产业链"微笑曲线"的中低端，数字化、高端化、智能化水平与世界装备制造强国相比仍存在一定差距，这也是数字经济培育装备制造业高质量发展新动能的制约因素②。

二、装备制造业数字化转型的技术和人才问题突出

(一) 关键核心技术受制约

在核心技术和产业基础上，我国高端制造和先进制造领域在全球产业链中仍处于中低端位置，一些关键核心技术、关键材料、工业软件、关键零部件受制约，供应链存在"安全隐患"，面临被美国等国"精准脱钩"的风险。未来要把解决受制约技术、关键核心技术攻关工作放在更加重要位置，努力实

---

① 操友根、黄坤耀、杜梅：《数字经济背景下中国装备制造业升级路径研究》，《中国科技论坛》2024 年第 2 期，第 94—104 页。
② 司聪、任保平：《数字经济培育中国装备制造业高质量发展新动能的路径探析》，《贵州社会科学》2024 年第 1 期，第 131—138 页。

现关键核心技术自主可控，把创新主动权、发展主动权牢牢掌握在自己手中①。

（二）高级技术人才短缺

创新人才是技术和产业发展的关键，对未来产业发展至关重要，而我国装备制造领域基础研究和应用研究人才比例较低，尤其缺少跨界型、复合型人才。我国关键核心技术领域的高水平人才队伍优势尚不显著，还亟须培养、引进、使用大量战略科技人才、一流科技领军人才和创新团队。智能制造代表了先进制造与新一代信息技术的深度融合，根据人力资源和社会保障部数据分析，2025 年智能制造人才需求为 900 万人，人才缺口预计达 450 万人。其中人工智能人才目前存在较大缺口，国内供求比例为1:10，供需比例严重失衡。

根据工业和信息化部发布的《制造业人才发展规划指南》，2021 年我国制造业重点领域人才缺口已超 1900 万人，到 2025 年将达 3000 万人，缺口率高达 48%。而随着企业自动化程度与智能制造水平日渐提升，行业内企业对技术人才的专业水平和综合能力要求也进一步提高，数字人才需求进一步扩大②。

长期以来，我国装备制造行业缺乏高端技术人才，在一定程度上影响了行业的发展。以工业母机为例，目前高级人才缺乏并且有大量人才的流失，产业需要三种类型的人才：一是能

---

① 徐宇辰：《我国装备制造业发展未来产业的政策建议》，《经济》2024 年第 6 期，第 22—27 页。

② 王金等：《数字经济冲击下高端装备制造业数字化转型研究》，《西南金融》2023 年第 7 期，第 65—80 页。

够熟练操作工具，并且熟知加工工艺及机床维护，能手工或自动编程的操作人员；二是熟悉机械结构，了解数控系统软硬件知识，能够熟练应用各类软件，同时有扎实的专业理论知识，能熟练使用英语，具有实践经验的中级人才；三是精通结构设计以及数控系统电气设计，能进行产品开发及技术创新的数控技术高级人才[1]。

(三) 我国装备制造业参与外循环中的人才短缺问题

同样，在参与外循环的过程中，我国装备制造业也面临着人才短缺问题。"一带一路"和制造强国建设的深入实施为我国装备制造业的国际产能合作提供了强劲的动力，对职业教育外向型人才的培养也提出了新的需求，需要校企协同培养一支既熟悉"一带一路"共建国家语言、文化、国际规则，又具备过硬技术技能的外向型人才队伍。一项调查研究显示，在湖南装备制造业出口和境外投资的过程中，企业普遍反映人才短缺成为产业"走进去"的绊脚石，特别是海外派驻一线人才和适合企业要求的当地本土化技能人才极缺，缺口近20%，从该研究调研的湖南装备制造部分重点"走出去"企业的外向型人才状况可以看出，外向型人才需求逐年递增，派驻人员平均增幅达22.67%[2]。

---

① 李芳芳、张祎、滕可心、尹茗：《支持我国装备制造业高质量发展的财税金融政策研究》，《工信财经科技》2023 年第 4 期，第61—72 页。

② 伍俊晖：《"一带一路"背景下装备制造业校企协同人才培养创新与实践》，《中国职业技术教育》2020 年第 10 期，第61—66 页。

三、中小企业面临的问题更为突出

一项相关的调查研究结果比较集中地反映出了装备制造业中小企业数字化转型所面临的问题[1]：

（一）数字化转型意愿不强

与很多行业的中小企业类似，目前我国装备制造业中小企业的数字化转型也面临着"不想转""不会转""不敢转"的困境，一方面，中小企业的数字化转型存在人才缺失、投入过高、数字化基础薄弱等问题，制约了转型的深入开展；另一方面，中小企业对数字化转型长期回报的认知不够清晰，被调查的中小企业中仅有48%的企业对数字化呈积极态度，大部分的企业对数字化转型呈观望或负面态度，约20%的企业认为数字化转型带来了负面影响，主要影响包括成本、效率方面的劣势增大以及产品种类、质量等方面的优势下降。

（二）数字化转型投入不足

从中小企业数字化转型的要素投入情况来看，平均而言，样本企业对数字化的资金投入约为677.08万元，中位数为300万元，大部分企业数字化投入占年营业收入比例为1%—5%，显示出中小企业在面对资金投入时的普遍谨慎态度。人才配置上，多数企业的数字化人才占比在5%至10%之间，这一数据显示了企业对技术和专业人才投资的重视程度，以及数字化转型对企业人才结构和培训需求产生的影响。

---

[1] 张红霞、黄隽：《装备制造业数字化转型及其对区域分布的影响分析》，《中国国情国力》2023年第12期，第12—17页。

(三) 数字化转型的需求不足

从中小企业数字化转型的成效来看，尽管开展了数字化转型的企业对转型的成效普遍给出积极反馈，特别是在提高生产和运营效率、降低成本、提升产品和服务质量、增强创新能力等方面，但与之相对，约 40% 的企业认为本行业的产品生产技术和生产过程不需要自动化、数字化，或者适用性不强。对于企业所认为的最佳转型阶段而言，"部分生产阶段的设备自动化"是最受欢迎的数字化转型阶段，原因在于中小企业认为这一阶段的转型能够以相对较低的投资带来即时的效率提升和成本节约。而"自动化＋人机交互"是第二选择，数字化和智能化等进一步的转型阶段则超出了已有的生产需要。这表明尽管中小企业认可数字化转型的成效，但其实际生产过程并不具有迫切的数字化需求，数字化转型对中小企业带来的效益仍有待探讨。

另一项相关的调查研究显示，装备制造业中小企业智能化转型的意愿和能力也不足。该研究通过 200 多家装备制造业企业的调查数据分析了装备制造业智能化转型升级的现状和问题。调查结果表明，中小规模企业智能化基础薄弱，智能技术能力亟待提高；随着企业规模的增大，企业转型导向越强，对智能化转型效用的评价也越高，他们偏向技术投资，强调引入或使用新技术创造价值；相较于中大型企业，小型企业智能化转型态度明显不那么积极，带有非常强烈的不确定性[1]。

---

[1] 潘小燕：《装备制造业智能化转型路径及对策》，《现代企业文化》2023 年第 32 期，第 77—80 页。

四、高端装备制造业数智化转型也存在问题

目前我国高端装备制造业领域也还存在"大而不强"的问题，过度依赖进口，关键技术与核心零件存在"卡脖子"问题。而在数字经济迅猛发展的背景下，智能制造、工业互联网等数字技术的成熟应用成为高端装备制造业转型升级的方向，越来越多的企业开始数字化转型。我国高端装备制造业数字化转型起步较晚，整体数字化发展水平差异较大，大部分中小企业数字化转型处于初级阶段[1]。具体来说，我国高端装备制造业数字化、智能化还存在着以下问题[2]：

（一）自主核心能力有待提升

在装备制造业中，自主研发是核心竞争力。然而，当前我国一些高端装备的技术研发能力仍非常薄弱，工业机器人、集成电路芯片制造设备、汽车制造关键设备、核电等重大项目的绝大部分零部件主要依靠进口。装备制造企业在自主研发能力方面仍需提高。

（二）智能生产软件和技术解决办法有待完善

中国的智能制造设备厂商在技术上的积淀比较薄弱，尽管近年来在系统整合方面取得了很大的进步，但从事智能化制造的基本软件、国产机床、机器人等方面研究的公司和研究单位仍很不足，高端设备仍大量采用了国外的软件体系。仅有一些

---

[1] 王金、陈楠希、周华、熊剑：《数字经济冲击下高端装备制造业数字化转型研究》，《西南金融》2023 年第 7 期，第 65—80 页。

[2] 冯正德、张错：《中国装备制造业在智能化驱动下的发展状况及问题》，《军民两用技术与产品》2023 年第 1 期，第 38—40 页。

大型设备企业能够通过自主研究或者与政府、国外大型企业联合获取技术支援，但在有限的条件下，大部分企业很难在短时间内获取所需要的技术。

（三）专业性人才相对缺乏

先进的制造系统和制造模式离不开人才的支持。而目前，大部分的劳动者没有接受过专业的培训。尽管新型的工业生产体系省去了许多人力的投入，使人们从单调的、程序化的工作中解脱出来，使人的体力活动变得更少，但其工作却需要具有高质量的创意和决策技能、熟练的专业技能以及一定的数字化生产技能。目前我国装备制造业这方面的人才尚很不足。

（四）与发达国家相比仍有一定差距

智能制造是新一代工业革命的中心，与发达国家相比，我国在智能制造等方面相对落后。在智能化装备领域，新型尖端传感器、工业网络技术、关键控制系统、精密减速器、高速精密轴承以及伺服驱动器等关键技术主要依赖进口。另外，在204800多个国际规范中，中国占比不到5%。

第三节　新基建赋能装备制造业
数字化转型的效果

有研究者指出，装备制造业的基础设施是"制器之器"，新型（数字）基础设施是数实融合的底座，所以二者需要较好融合才能有效促进装备制造业的数字化转型。当前，我国新型（数字）基础设施对实体经济的支撑呈现出三、二、一产业的逆向趋势，这反映出数字基础设施与装备制造业的基础设施融

合仍不便利，影响了高质量新动能的培育效率。其具体表现①
如下：

一、与装备制造业基础设施规模化联通不足

我国移动通信基础设施在装备制造业尚未实现规模化应用。
据统计，截至 2022 年，我国境内 5G 灯塔工厂达到 50 家，数量
位居全球首位，然而仅涵盖三一重工、工业富联、宁德时代 3
家国内装备制造企业和 10 家传统制造企业，其余 2/3 均为中外
合资企业。这表明我国大多数装备制造企业的网络设施仍主要
以 4G 和光纤网络为主，尚未全面建成云网融合、算网协同的立
体化网络，导致新型（数字）基础设施对装备制造业的服务支
撑仍停留在生产的外围环节，未涉足核心环节，这导致生产设
备间、程序间、流程间未能实现整体互联，极大地制约了工业
互联网的性能，影响了装备制造业的产能。

二、对装备制造业基础设施智能化支撑不够

智慧生产线、智能化装备是智能制造的关键设施。由于我
国的算力算法基础设施与数据集成基础设施仍处于扩容阶段，
多数装备制造企业仍存在新型（数字）基础设施鸿沟，生产方
式仍以传统机械工业的半自动化为主，尚未实现集感知、运算、
分析、决策等模块于一体的智能制造生产线。再者，由于我国
对采集器、控制器、传感器等物理设备与智能通信设备的高精

---

① 司聪、任保平：《数字经济培育中国装备制造业高质量发展新动能的路径探析》，
《贵州社会科学》2024 年第 1 期，第 131—138 页。

度控制技术仍在应用试点中，数控系统、伺服系统、精密光栅等核心系统及元器件仍未连通配套，导致以数控机床为代表的智能基础设备缺乏精确性与可靠性，在高端装备领域用户认可度不高，给装备制造企业的数智化转型造成掣肘，抑制了新动能的培育功效。

三、同装备制造业基础设施融合适配性不佳

当前，我国装备工业的数字化速度已落后于数字社会的发展速度，这是由装备制造业与新型（数字）基础设施的融合适配性不佳导致的。一方面，工业数据在企业端，社会数据主要在政府端，而能够聚合政府、企业与社会的大数据共享基础设施覆盖面有限，这使得我国大量工业数据仍是未经流通的"冷数据"，缺乏可供利用的"热数据"，尚未形成完整的数据共享体系，抑制了装备工业的数据活性。另一方面，由于装备制造业涉及重大科学、重大工程，目前我国新型（数字）基础设施的自行研发水平与自主可控能力仍处于提升阶段，暂不具备对高端装备、产业全生命周期和全产业链的深度调控能力，限制了新动能的培育效能。

另一项相关的调研也发现，我国制造业数字化渗透程度依然较低，距离理想中的智能制造还有一定差距[1]。

---

[1] 陈楠、蔡跃洲、马晔风：《制造业数字化转型动机、模式与成效——基于典型案例和问卷调查的实证分析》，《改革》2022 年第 11 期，第 37—53 页。

第四节　影响新基建赋能效果的因素

要在一定程度上解决我国装备制造业数字化转型存在的问题，就需要具体分析影响装备制造业数字化转型的各项因素，进而从各项影响因素入手寻求解决方案和对策。数字化转型的影响因素主要有数字信息技术、数据要素市场、数字人才、新型基础设施、资金投入等。除新型基础设施外的其他影响因素的发展状况会直接影响新基建赋能装备制造业数字化转型的效果，而其中的数字技术、数字人才和资金投入等同时也是新基建的重要影响因素，剩下的一项，即数据要素市场会从需求的角度间接影响新基建的发展。当然，新基建本身的发展状况也是影响其赋能装备制造业数字化转型的主要因素之一。我们在这一节里具体分析这些影响新基建赋能装备制造业数字化转型效果的各项主要因素的发展状况。

一、我国新基建发展本身存在的问题

这里以新基建的核心数字基础设施建设为例来说明。2024年7月5日，国务院总理李强主持召开国务院常务会议，研究部署推进数字经济高质量发展有关工作。会议提出，要坚持改革创新和开放合作，持续优化数字经济发展环境，协同完善数据基础制度和数字基础设施，推进数据要素市场化配置。数字基础设施是数据要素化的载体，是数据资产化的支撑平台。同时，数字基础设施建设也是实现数据资本化这一终极目标的基础性工作。近年来，我国在网络基础设施锻长板、智能基础设

施补短板的基础上，注重形成一体化数字底座，不断提升数字基础设施的连接能力、运载能力、感知能力、计算能力和存储能力。整体上，我国数字基础设施建设实现了跨越式提升。但仍要正视，目前我国数字基础设施建设仍存在区域发展不平衡、核心技术有待突破、信息安全保障不足、数据共享与融合困难、建设资金投入压力大等问题。以数字基础设施建设区域发展不平衡为例，我国东部地区经济较为发达，数字基础设施建设相对完善和先进，相比之下，中西部地区的数字基础设施建设相对滞后，数据中心等算力设施相对较少。萨摩耶云科技集团首席经济学家郑磊对此补充表示，除了区域发展不平衡之外，数据传输速度和稳定性尚待提高，难以满足更高要求的业务需求；同时，数字人才短缺也是目前我国数字基础设施建设存在的明显短板，尚待进一步完善。数字基础设施是数据作为关键生产要素从汇聚、处理、流通到应用、运营、安全保障全链路的操作系统，是数字经济的"高速公路"，不仅关系到数据作为生产要素能否被激活，也关系到数据生产要素的配置效率，直接影响数字经济与数实融合的发展进度、发展质量。因此，进一步补齐短板成为我国数字基础设施建设的重要内容①。

二、数字技术的发展状况

（一）我国数字技术方面取得的成就

数字化转型主要是数字（信息）技术、数据要素与传统产

---

① 田鹏：《群策群力补齐数字基础设施短板　夯实我国数字经济发展底座》，《证券日报》，2024 年 7 月 8 日，第 A02 版。

业结合的产物。数字（信息）技术是传统产业数字化转型最重要的影响因素，也是新基建的主要影响因素之一，所以这里我们首先分析数字（信息）技术。工业和信息化部发布的《"十四五"信息通信行业发展规划》指出，信息技术正处于系统创新和智能引领的重大变革期，5G、工业互联网、物联网、云计算、车联网、大数据、人工智能、区块链等新一代信息技术加速集成，推动经济社会各领域数字化、网络化、智能化转型不断深化[①]。《数字中国发展报告（2023）》也介绍了近年来我国数字技术发展取得的一些成就[②]：

1. 基础数字技术能力持续增强

数字技术领域保持较高的创新热度。2023 年集成电路产量为 3514 亿块，同比增长 8.4%。芯片设计整体水平不断提升，基于 X86、ARM、RISC-V、LoongArch 和 SW64 等的软硬件生态不断丰富。

2. 关键核心技术发展迅速

先进计算、人工智能、5G/6G 等关键技术创新能力不断突破。高性能计算持续处于全球第一梯队。截至 2023 年 11 月，中国和美国在超级计算机 Top500 榜单上占据了大部分位置，其中美国共有 161 台超算上榜，中国有 104 台超算上榜。人工智能技术创新势头迅猛。智能芯片、通用大模型等创新成果加速涌现。生成式人工智能大模型发展迅速，应用场景不断拓展。人形机器人进入提速发展阶段，专利累计申请数量增长较快。

---

① 工业和信息化部：《"十四五"信息通信行业发展规划》，2021 年 11 月，第 4 页。
② 国家数据局：《数字中国发展报告（2023）》，2024 年 6 月，第 6—8 页。

人工智能核心企业数量超过了 4500 家。

3. 前沿技术不断取得突破

量子计算机、新型显示、3D 打印、脑机接口等技术研发进度不断加快。我国超导量子计算机产业链基本形成，第三代自主超导量子计算机"本源悟空"搭载的硬件、芯片、操作系统及应用软件的自主研发进程加快。量子信息技术正处于从实验室研发向产业化应用的过渡阶段。2023 年，服务机器人产量 783.3 万套，同比增长 23.3%；3D 打印设备产量 278.9 万台，同比增长 36.2%。

4. 数字技术创新生态持续优化

我国已成为全球开源生态的重要贡献力量，源代码贡献量已经达到世界第二。软件企业积极运用开源软件进行协作开发。开源开发者数量已超过 800 万，总量和年新增数量均位居全球第二。各地区加快建设数字技术创新联合体。据不完全统计，国内已成立 40 余家数字技术创新联合体，涉及人工智能、智能制造、数字交通、数字医疗等重点领域，其中江苏、北京、四川等地均出台了推进组建创新联合体的具体政策。

（二）工业互联网技术创新指数稳步提升

工业互联网是新基建中与装备制造业数字化转型关系最为密切的一类基础设施。近年来我国工业互联网技术的进步也比较明显。

2023 年，我国工业互联网技术创新指数为 211，较 2022 年提升 29.4%。随着创新主体数量增多、投入加强，我国的工业互联网创新成果数量呈现出快速增长的趋势。凭借创新成果的规模优势，我国已成功跻身创新型国家行列。具体表现①如下：

1. 网络通信领域的部分关键技术达到国际领先水平

我国某信息通信企业在车联网领域牵头研制智能驾驶域控制器，实现汽车行业智能化向网联化演进的重大突破，打造了车路云一体化融合的"中国方案"。工业软件领域，大量创新成果涌现。某工业软件企业研发商用几何内核，具备工业设计软件市场规模化推广和应用能力；某船舶企业发布船舶三维设计软件，实现船舶设计制造全流程的覆盖和能力提升；某工业软件企业基于生态链的强强合作，依托合作伙伴工业数据模型，全面提升了自身仿真平台的开发效率和稳定性。智能装备领域，多项技术突破瓶颈。某装备制造企业产品定位精度成功跨越技术门槛，攻克高端数控机床设计制造领域等 10 多项核心关键技术；某装备制造企业突破了动力总成、无人驾驶、电控软件等领域核心技术，并成功实现系列智能农机商业化生产，在高端农机领域构建了国际竞争力。

2. 工业互联网相关专利、标准和制度体系逐渐完善

工业互联网相关专利、标准和制度体系逐渐完善，核心领域国际话语权增强。专利申请数量持续走高，创新实力位居世界前列。智慧芽专利数据库数据显示，2023 年我国工业互联网相关专利新增数量约为 2851 项。在人工智能、物联网、量子信息等产业核心领域，发明专利授权数量位居全球首位。世界知识产权组织（WIPO）发布的《2023 年全球创新指数报告》中，

---

① 中国信息通信研究院：《中国工业互联网发展成效评估报告（2024 年）》，2024 年 6 月，第 17—19 页。

中国排名升至全球第 12 位，拥有的全球百强科技创新集群数量首次跃居世界第一。标准体系建设逐步完善，引领产业话语权提升。2020—2023 年间，工业互联网领域密集出台了 11 项国家标准、30 项行业标准、10 项地方标准和 166 项团体标准。通过广泛应用统一、融合、开放标准体系，引导产业供给侧企业在研发、生产、管理等环节对标达标，加速工业互联网行业的规范化发展，同时为核心领域中国技术融入世界标准持续贡献力量。

（三）数字技术应用在装备制造业中存在的主要问题

尽管取得了一些成就，但我国数字技术的发展仍然存在着一些问题。

1. 数字技术在我国制造业的应用效率较低

我国制造业企业数字化转型整体还处于较低水平，先进数字技术渗透应用水平不高，数据要素价值潜力有待开发。国内具备良好信息化基础、着手数字化转型的企业占比还较低；已经开始转型的企业大多仅实现了传统信息技术、自动化技术的应用，而大数据、人工智能、数字孪生等新一代信息技术的成功应用案例有限[1]。

一项调研数据显示，大中小企业普遍面临数字化技术基础薄弱的现状，超过半数的企业自认在转型能力上有所欠缺，限制了企业利用先进科技提升生产效率和创新能力的潜力[2]。另一项相关的调研也发现，我国制造业先进数字技术渗透应用水平

---

① 陈楠、蔡跃洲、马晔风：《制造业数字化转型动机、模式与成效——基于典型案例和问卷调查的实证分析》，《改革》2022 年第 11 期，第 37—53 页。

② 宋虹桥、张夏恒：《数字化转型赋能新质生产力：机理、挑战与路径选择》，《北京理工大学学报（社会科学版）》2024 年第 6 期，第 41—51，73 页。

较低，数字化转型程度不高。尽管被调研的案例企业均具备较好的信息化基础和行业积累，但技术应用大多集中在 MES、ERP 等传统信息技术和自动化生产线，而云计算、人工智能、数字孪生等新一代信息技术渗透应用水平较低。同时，制造业数字化转型还面临专业性强、操作技术（OT）与信息技术（IT）融合难等问题。由此推断，我国大多数制造业企业的信息化、数字化建设还处于起步阶段，部分企业连电气自动化都没有实现，不具备全面推动数字化转型的现实基础①。

2. 数字技术与装备制造业产业技术融合不深

装备制造业的技术结构和生产流程复杂，目前在基础技术、共性技术、关键技术方面与数字经济的融合程度仍不深入，尚未充分发挥数字创新驱动能力，严重削弱了高质量发展新动能的培育动力。具体表现②如下：

首先，数字技术尚未深度嵌入装备制造业基础技术。一是 2018 年中美贸易战之前，我国装备制造业存在外部依赖惯性，主要采用国外的设备方案与技术路线，甚至整体技术引进，导致国内底层技术脱节断档。贸易战开始后面对西方国家的科技制裁，我国装备工业开始寻求自主研发路径，但在基础的研发、设计、工艺技术方面仍以依附创新与模仿创新为主，缺乏自主创新与原始创新能力，整体产业的基础研究能力依然不足，限制了装备工业对数字技术的吸纳效果。二是装备制造业门类众

---

① 陈楠、蔡跃洲、马晔风：《制造业数字化转型动机、模式与成效——基于典型案例和问卷调查的实证分析》，《改革》2022 年第 11 期，第 37—53 页。

② 司聪、任保平：《数字经济培育中国装备制造业高质量发展新动能的路径探析》，《贵州社会科学》2024 年第 1 期，第 131—138 页。

多，拥有海量数据资源，但涉及基础技术参数的数据源往往呈现非标准化特征，使得数据通常以半结构或无结构的形式存在，数据格式差异较大，无法被数字技术有效接入利用，制约了数字技术与装备工业基础技术的融合质效。

其次，数字技术尚未深度交互装备制造业共性技术。一是多数装备制造企业的生产建模缺乏前瞻性设计，缺少能够关联生产技术和加工工艺的统计分析功能及应对特定生产制造流程的资源调配功能，导致以机械电子集成和线束装备为代表的传统装备产业数字化升级成本高、难度大，直接影响数字技术与产业共性技术的交互融合价值。二是装备制造行业间、企业间、地域间普遍存在软件和硬件设备接口标准不一的情况，这种非标准化的系统控制模式使装备企业的应用软件及网络设置具有单向、孤立、扁平的技术障碍，技术组织分割严重，约束了创新链与生产链间的数据联通采集、集成化控制、异构网络部署，导致装备制造企业无法将各类软硬件系统设备并行操控，严重削弱了装备制造业的集成动力。

最后，数字技术尚未深度支撑高端装备制造关键技术。

三、数据要素市场的发育状况

数据是数字经济的主要投入要素之一，也是数字经济最具代表性的投入因素，直接影响到装备制造业数字化转型的效果，也会从需求的角度间接影响到新基建的发展。

（一）发展数据要素市场的重要意义

为深入贯彻党的二十大和中央经济工作会议精神，落实中共中央、国务院《关于构建数据基础制度更好发挥数据要素作用的意见》，充分发挥数据要素乘数效应，赋能经济社会发展，国家数据局会同有关部门于 2024 年初制定了《"数据要素 ×"三年行动计划（2024—2026 年)》。该计划对发展数据要素市场的重要意义进行了比较权威的阐释，指出：随着新一轮科技革命和产业变革深入发展，数据作为关键生产要素的价值日益凸显。发挥数据要素报酬递增、低成本复用等特点，可优化资源配置，赋能实体经济，发展新质生产力，推动生产生活、经济发展和社会治理方式深刻变革，对推动高质量发展有重要意义[①]。

数据要素作为传统产业数字化转型的重要影响要素之一，会直接影响新基建对传统产业数字化转型的赋能效果。一些实证研究也证明了这一点。例如，一项相关研究构建了包含两个生产部门的动态一般均衡模型，用于代表不同产业或同一产业内的不同企业。每个部门将数据作为新生产要素，将新型基础设施作为数据扩展型技术，与传统生产要素结合形成新的生产函数。该研究得出的结论是：新基建对产业结构调整的推动作用受到数据要素的调节，且最终的影响方向和路径与数据要素一致[②]。

（二）数据市场与制造业的密切联系

《"数据要素 ×"三年行动计划（2024—2026 年)》中十二项重点行动的第一项就是"数据要素 × 工业制造"行动，可见数据市场与制造业有着密切的联系。该行动计划提出：创新研

---

① 国家数据局等部门：《"数据要素 ×"三年行动计划（2024—2026 年)》，https://www.cac.gov.cn/2024-01/05/c_1706119078060945.htm。

② 朱晓武、魏文石、王靖雯：《数据要素、新型基础设施与产业结构调整路径》，《南方经济》2024 年第 1 期，第 107—123 页。

发模式，支持工业制造类企业融合设计、仿真、实验验证数据，培育数据驱动型产品研发新模式，提升企业创新能力。推动协同制造，推进产品主数据标准生态系统建设，支持链主企业打通供应链上下游设计、计划、质量、物流等数据，实现敏捷柔性协同制造。提升服务能力，支持企业整合设计、生产、运行数据，提升预测性维护和增值服务等能力，实现价值链延伸。强化区域联动，支持产能、采购、库存、物流数据流通，加强区域间制造资源协同，促进区域产业优势互补，提升产业链供应链监测预警能力。开发使能技术，推动制造业数据多场景复用，支持制造业企业联合软件企业，基于设计、仿真、实验、生产、运行等数据积极探索多维度的创新应用，开发创成式设计、虚实融合试验、智能无人装备等方面的新型工业软件和装备①。

（三）我国数据要素市场发展的成就与问题

这里主要介绍两份相关的权威文献对我国数据要素市场发展状况的分析。

1. 我国数据要素市场发展的成就

《数字中国发展报告（2023年)》的相关分析显示，我国数据要素市场的发展已取得了一些明显的成就②：

（1）数据产量保持快速增长态势

2023年，全国数据生产总量达 32.85 ZB，同比增长 22.44%。截至 2023 年底，全国数据存储总量为 1.73 ZB。数据

---

① 国家数据局等部门：《"数据要素 ×"三年行动计划（2024—2026 年）》，https://www.cac.gov.cn/2024-01/05/c_ 1706119078060945. htm。

② 国家数据局：《数字中国发展报告（2023 年)》，2024 年 6 月，第 8—10 页。

交易市场中场外数据交易处于主导地位，场内数据交易规模呈现快速增长态势。金融、互联网、通信、制造业等领域数据需求较大且交易量增长较快。

（2）数据流量规模持续增长

2023年移动互联网接入总流量为 0.27ZB，同比增长15.2%；月户均移动互联网接入流量达 16.85GB/户·月，同比增长 10.9%。

（3）数据跨境流动基础设施不断升级

2023年，我国通向其他国家的国际互联网带宽达到93.1Tbps，比2022年增长19%，位居全球第七。其中，我国与美国间的国际互联网带宽最大，达到 19075.7Gbps，其次为越南、新加坡、日本、菲律宾等。

（4）数据要素市场化改革步伐加快

各地区各部门积极开展公共数据授权运营、数据资源登记、企业数据资产入表等探索实践，加快推动数据要素价值化过程。截至2023年底，全国已有数十个省市上线公共数据运营平台，有20多个省市成立了专门的数据交易机构。广东、山东、江苏、浙江的数据交易机构数量位居全国前列。上海数据交易所上线数据产品登记大厅，开展数据产品登记试运行工作。福建大数据交易所交易平台初步实现与省公共数据开发服务平台互联互通，同步公共数据目录 400 多个，数据项 1 万多个，孵化公共数据产品 50 余款。

2. 我国数据要素市场发展中存在的主要问题

先来看《"数据要素×"三年行动计划（2024—2026年）》的相关分析。该计划指出，近年来我国数字经济快速发展，数字基础设施规模能级大幅跃升，数字技术和产业体系日臻成熟，为更好发挥数据要素作用奠定了坚实基础。与此同时，也存在数据供给质量不高、流通机制不畅、应用潜力释放不够等问题。实施"数据要素×"行动，就是要发挥我国超大规模市场、海量数据资源、丰富应用场景等多重优势，推动数据要素与劳动力、资本等要素协同，以数据流引领技术流、资金流、人才流、物资流，突破传统资源要素约束，提高全要素生产率；促进数据多场景应用、多主体复用，培育基于数据要素的新产品和新服务，实现知识扩散、价值倍增，开辟经济增长新空间；加快多元数据融合，以数据规模扩张和数据类型丰富，促进生产工具创新升级，催生新产业、新模式，培育经济发展新动能[①]。

　　一项相关的调研也发现：数据要素作为数字经济的新型关键要素、数字化转型实践的底层支撑，尚未发挥其应有的基础性支撑作用。该课题组走访调研的企业基本属于行业第一梯队，数字化转型程度远高于全国或行业平均水平。尽管如此，案例企业的数据资产管理水平普遍薄弱，明显滞后于数字技术应用与配套机制设置。从内部条件来看，企业在数据要素标准化采集、资产化管理等方面缺乏经验和指导。从外部环境来看，我国数据要素市场化配置机制尚不完善，数据要素确权定价、隐私保护、交易安全等方面的不确定性进一步限制了企业对于数据资产管理和交易的尝试[②]。

---

① 国家数据局等部门：《"数据要素×"三年行动计划（2024—2026年）》，https://www.cac.gov.cn/2024-01/05/c_1706119078060945.htm。
② 陈楠、蔡跃洲、马晔风：《制造业数字化转型动机、模式与成效——基于典型案例和问卷调查的实证分析》，《改革》2022年第11期，第37—53页。

四、数字人才的发展状况

数字人才是数字（信息）技术与数据要素有效结合的关键，对装备制造业的数字化转型效果有重要影响，同时也是新基建的重要投入要素，直接影响新基建的发展状况。

（一）我国数字人才发展方面的成就

近年来，我国数字人才发展方面已取得了显著的成就：

1. 全民数字素养和技能稳步提升

"2023 年全民数字素养与技能提升月"活动于第六届数字中国建设峰会开幕式上启动。提升月期间，全国共策划开展各类主题活动 6.4 万场，参与人次超过 5200 万，开放各类数字教学资源 25 万余个，宣传报道稿件近 5.8 万篇，网上点击量近 6.3 亿次。截至 2023 年 6 月，至少掌握一种数字素养与技能的网民占比达 87.5%。截至 2023 年底，全国农民手机应用技能培训活动近 3 年培训人次均保持在 4000 万人以上，7 年累计培训受众超过 1.95 亿人次，有力促进了农民数字素养与技能提升①。

2. 数字人才培育力度持续加大

2023 年全国有 6000 多所职业学校开设数字经济相关专业，专业布点超过 2.5 万个。同时，教育部加快推动数字经济领域学科建设和专业设置，为数字人才培养提供了优质教学资源保障。网络安全人才培养工作取得积极进展，全国有 90 余所高校相继设立网络安全学院，逐步形成本硕博一体化高水平人才培

---

① 国家数据局：《数字中国发展报告（2023 年）》，2024 年 6 月，第 10 页。

养模式①。

3. 工业互联网领域加强人才引育

近年来我国工业互联网领域不断加强人才引育，以人才建设打造产业高质量发展引擎。主要举措包括②：

第一，通过完善人才遴选标准，为各类型人才打通发展通道。2020 年发布了首个工业互联网行业人才评价标准，也是国内工业互联网领域首个岗位能力要求，围绕综合能力、专业知识、技术技能、工程实践能力等四个维度明确了工业互联网产业人才画像。

第二，建设人才实训基地，解决数字人才结构性短缺问题。工业互联网产业联盟在全国遴选培育出 20 个工业互联网产业联盟实训基地，打造工业互联网产业人才队伍发展基础环境，提升工业互联网相关人员的实践能力。

第三，积极举办竞赛加强选拔，为高水平人才搭建广阔舞台。中国信息通信研究院已连续 7 年参主办工业大数据创新应用大赛，打造"数境"赛事品牌，累计吸引了全国 5 万多名高端人才参与，在引聚人才资源的同时，为高质量、多元化的人才提供高频互动的机会，也为高校人才接触制造企业实际问题提供优质的平台。

（二）我国装备制造业数字人才发展中存在的问题

如前所述，数字人才发展状况是装备制造业数字化转型和新基建的共同重要影响因素之一。创新型高技能人才作为推动

---

① 国家数据局：《数字中国发展报告（2023 年）》，2024 年 6 月，第 11 页。
② 中国信息通信研究院：《中国工业互联网发展成效评估报告（2024 年）》，2024 年 6 月，第 29—30 页。

装备制造业发展的重要力量，对于提升国家或地区的产业水平和竞争力具有举足轻重的作用。然而，当前我国装备制造业在发展过程中面临着创新型高技能人才短缺、技术技能人才水平参差不齐的问题①。

数字人才是创新型高技能人才的重要组成部分，在我国装备制造业中也比较缺乏。装备制造业属于离散型制造业，这导致单个企业或单个工作人员熟悉掌握设计、生产、销售全流程工作的可能性极低，而企业复合型数字化专业人才又较为缺乏。首先，企业内部数字化人才结构性短缺。工厂生产一线人员文化素质水平普遍不高，对数字化、智能化、信息化设备及知识学习接受能力较弱。其次，复合型的数字化人才招引难、培育难。当前，从我国总量来看，根据中国信息通信研究院发布的《数字经济就业影响研究报告》数据，我国数字化人才缺口近1100万，懂数字化技术、经营管理的复合型人才极其短缺②。

中小企业对人才的吸引力较低，数字化人才短缺问题在中小企业体现得更为突出。一项相关研究就显示，在数字化转型过程中，制造业企业对数字化人才吸引力不足，既懂数字技术又懂工业的高级复合型专业人才较少，六成以上中小企业反映存在明显的数字化人才缺口，这也成为制约新质生产力增长的关键因素③。

---

① 彭志强、樊辰、张利好、谭伟林：《装备制造业创新型高技能人才群体特征和成功经验分析研究》，《科教文汇》2024 年第 7 期，第 28—32 页。

② 钟媛媛：《装备制造业企业数字化转型路径研究》，《中小企业管理与科技》2023 年第 8 期，第 128—130 页。

③ 宋虹桥、张夏恒：《数字化转型赋能新质生产力：机理、挑战与路径选择》，《北京理工大学学报（社会科学版）》2024 年第 6 期，第 41—51，73 页。

五、资金投入状况

（一）工业互联网领域资金扶持现状

在政策支持方面，全国多个省市接连出台工业互联网资金扶持政策。安徽省主要支持网络、平台、标识等基础设施建设，如双跨型平台给予最高 3000 万元奖补，行业型、区域型、专业型平台等给予最高 1000 万元奖补。包头市支持稀土行业链主企业、链内企业和机构建设行业级、企业级和公共服务型工业互联网平台，按照不超过项目实际投资额的 20%，分别给予最高不超过 300 万元、100 万元和 100 万元补助；支持工业互联网标识解析企业级节点建设，按照不超过实际投资额的 15%、单个企业最高不超过 100 万元给予补助。在金融支持方面，多地建立多元化融资服务体系。北京石景山区设立了以政府为主导的"赛富工业互联网基金"，注册资本达 1.75 亿元，以支持工业互联网相关产业和企业健康发展，吸引工业互联网优质机构、优秀项目和专业人才，营造工业互联网产业生态①。

（二）我国装备制造业资金投入方面存在的主要问题

数字化转型资金投入不足问题在中小企业中表现得尤为突出。企业的数字化转型是一项系统性工程，涵盖了硬件系统设备投入、业务流程优化、组织架构调整、数字化人才培养等方方面面，这些均需要大量的资金投入。但是企业数字化投资的周期较长，见效慢，试错成本较高，这些都导致大部分中小装

---

① 中国信息通信研究院：《中国工业互联网发展成效评估报告（2024 年）》，2024 年 6 月，第 30 页。

备企业不敢投入，或是前期投入后，在效果不明显下，又停止了进一步转型升级，导致数字化转型不彻底①。数字化转型不仅需要初期的大量投入，还需长期的维护与升级，这对资金链本就紧张的中小企业来说，形成了巨大的财务压力和经济压力，超过半数的中小企业指出，资金不足是阻碍它们通过数字化转型实现生产效率提升的主要难题。装备制造业重大工程多、工期长，需要长期稳定的资金支持。而我国金融机构对大型装备企业普遍存在金额、期限和资金成本的投融资错配与信贷约束。同时，缺少针对装备细分行业的直接融资与间接融资产品，致使一些中小企业难以维系正常经营，更无力投入数字化转型②。一项相关的调研也发现：数字化转型前期投入巨大，且具有不确定性，通常只有效益较好的大企业才有意愿、有条件全面推进。对于中小微企业而言，融资难问题长期存在，生产经营多处于盈亏平衡边缘，即便有强烈的数字化转型意愿，也较难筹措到转型所需资金。总体来看，在推进数字化转型过程中，广大制造业企业特别是中小企业依然面临技术支撑不足、投入回报不确定性高、数字人才短缺等困难和挑战；较为领先的大型企业则更多受制于数字技术、数据要素应用场景不明确，难以将转型向纵深推进③。

① 钟媛媛：《装备制造业企业数字化转型路径研究》，《中小企业管理与科技》2023 年第 8 期，第 128—130 页。
② 司聪、任保平：《数字经济培育中国装备制造业高质量发展新动能的路径探析》，《贵州社会科学》2024 年第 1 期，第 131—138 页。
③ 陈楠、蔡跃洲、马晔风：《制造业数字化转型动机、模式与成效——基于典型案例和问卷调查的实证分析》，《改革》2022 年第 11 期，第 37—53 页。

第五章

国际形势与部分国内外经验

第一节　数字经济和装备制造业的国际发展形势

数字经济成为全球产业发展与变革的重要引擎。全球主要国家都在优化政策布局，使数字经济政策导向更加明晰、体系更加完善，为数字经济持续发展营造良好生态[①]。

一、数字经济发展态势

近年来，国际数字经济的发展出现了如下新特征[②]：

（一）数字经济加速构筑经济复苏关键支撑

中国信息通信研究院发布的《全球数字经济白皮书（2023年)》的研究结果显示，2022年，该研究测算的51个国家数字经济增加值规模为41.4万亿美元，同比名义增长7.4%，占GDP比重的46.1%。产业数字化持续成为数字经济发展的主引擎，占数字经济比重的85.3%，其中，第一、二、三产业数字经济占行业增加值比重分别为9.1%、24.7%和45.7%，第三

[①]　中国信息通信研究院：《全球数字经济白皮书（2023年)》，2024年1月，第2页。
[②]　中国信息通信研究院：《全球数字经济白皮书（2023年)》，2024年1月，前言。

产业数字化转型最为活跃，第二产业数字化转型持续发力。

（二）全球数字经济多极化格局进一步演进

2022 年，从规模看，美国数字经济规模蝉联世界第一，达 17.2 万亿美元，中国位居第二，规模为 7.5 万亿美元。从占比看，英国、德国、美国数字经济占 GDP 比重均超过 65%。从增速看，沙特阿拉伯、挪威、俄罗斯数字经济增长速度位列全球前三位，增速均在 20% 以上。

（三）数字经济重点领域发展成效显著

网络基础设施、算力基础设施等数字基础设施加快建设，数字经济发展基石不断夯实。5G 融合应用生态加快形成，人工智能创新和应用力度加大，数字技术产业稳步发展，释放巨大发展潜力。工业、医疗等代表领域数字技术应用程度加深，数字技术与实体经济深度融合，进入发展新蓝海。

二、全球装备制造业发展态势

近十年来，除海洋工程装备制造业外，全球高端装备制造业整体发展速度均明显高于全球 GDP 实际增速平均水平，对全球经济的直接拉动作用非常明显，展现了非常高的活跃度和要素资源集聚能力，对全球技术研发、人才培养和资本流动起到了巨大的推动作用。其中，全球航空装备制造业近十年的复合增速为 5.77%，增速仍明显高于全球 GDP 增速，但呈现逐渐放缓趋势。全球机器人行业近十年复合增速高达 14.40%，且近五年增速都在 10% 以上，未来仍将保持高速增长态势，这一现象表明机器人行业作为智能制造和未来产业升级中的重要一环，虽仍处于起步阶段，但已逐渐成为各国重点发展和打造的重要竞争领域①。

三、我国制造业数字化转型的优势与不足

有研究者比较简洁地分析了在制造业数字化转型方面我国相较于美、德、日等国的优势与不足②：

（一）我国制造业数字化转型相较于美、德、日的优势

1. 制造业规模大、体系最完整。

2. 5G 技术处于世界领先水平。

3. 新技术、新业态、新模式的先导应用领先。

4. 制造业数字化转型的潜在市场规模较大。

（二）我国制造业数字化转型相较于美、德、日的不足

美、德、日三国作为发达国家，其工业发展历史悠久，历经多次工业革命，工业基础坚实，科技实力较强，因此在制造业数字化转型方面均走在世界前列。即便凭借几十年的高速发展，中国仍然不能完全消除与这三个发达国家之间的差距，在制造业数字化转型方面，中国仍存在诸多短板需要弥补。

1. 工业的整体技术水平相对落后。

2. 传统和新型数字基础设施的提升空间仍然很大。

在新型数字基础设施方面，除 5G 相关技术领域外，中国在其他多个领域均有待进一步提升。

3. 基础研发投入不足。

---

① 李芳芳、张祎、滕可心、尹茗：《支持我国装备制造业高质量发展的财税金融政策研究》，《工信财经科技》2023 年第 4 期，第 61—72 页。

② 刘军梅、谢霓裳：《国际比较视角下的中国制造业数字化转型——基于中美德日的对比分析》，《复旦学报（社会科学版）》2022 年第 3 期，第 157—168 页。

4. 国产软件缺乏竞争力。

5. 工业数字化渗透率不高。

6. 数字化转型配套服务的行业生态并不健康。

第二节　部分国际经验

一、制造业数字化方面的一些国际举措

全球范围内，世界主要数字经济大国产业数字化转型逐渐"硬化"，推动制造业数字化转型、赋能实体经济转型升级成为各国施策重点。2022 年，美国推出《国家先进制造业战略》，提出两个关键目标：一是"引领智能制造的未来"，主要目标是大力推进"数字化制造"与"智能化制造"。二是"加强供应链的相互联系"，主要着力于推进供应链数字化转型创新，实现关键部门的生产全链路数字化高速联通。2023 年 4 月，德国在汉诺威工业博览会上提出面向工业供应链的"制造业 X"计划，旨在建立覆盖制造业所有领域的通用基础设施，构建独立数据生态系统，实现数据跨工业部门协同使用与联合共享。同时，"制造业 X"计划也是《2028 年机器人与自动化——德国关键技术》战略的重要基础，该战略提出，未来一段时间，德国将在实验室自动化、燃料电池生产和建筑业自动化等 3 至 5 个应用领域建立机器人基地，加快实现以市场为导向的创新应用。2022 年 7 月，韩国正式实施《产业数字化转型促进法》，法案涵盖产业数据利用与保护规范、支持制度、推进体系等内容，旨在加快产业的数字化转型，为产业数字化政策的制定和

实施奠定法律保障①。

二、发展数据要素市场方面的一些国际举措

发达国家和地区持续完善数据共享与规制机制，新兴国家则着手建立数据要素治理框架。发达国家和地区中，欧盟持续深化数据要素内部共享相关规定，要求数据中介服务提供商满足欧盟经营准入标准，并对供需方交换的数据保持中立。同时，欧盟《数据市场法》以市场自由和公平竞争为原则，反对数据平台利用垄断地位进行经营，相关平台须在征得用户同意后方可进行定制化广告推送。美国出台《2022 年数字商品交易法》，围绕数字产品交易开展数据市场建设。该法案为数字产品生产者、购买者及交易所建立监管框架和清晰的数字产品交易框架，保护相关受众权益。日本第三次修订《个人信息保护法》，内容涉及整合个人信息定义，统一分散立法，整合医疗和学术领域个人信息保护规则，明确规定行政机关对匿名化信息的处理规则等。新兴国家中，印度发布《2023 年数字个人数据保护法案》，加强数据领域监管，充分保护个人数据的隐私和安全，规范进行相关数据的合规处理。泰国关于个人数据收集、使用、披露等的综合性立法《个人数据保护法》包含数据主体权利与保护、数据处理者义务、跨境数据传输等方面内容，并就违法违规处理个人数据的民事责任、刑事责任以及行政责任作出明确规定。我国也出台了《数据安全法》，聚焦数据安全领域的

———————————

① 中国信息通信研究院：《全球数字经济白皮书（2023 年）》，2024 年 1 月，第 4—
　5 页。

风险隐患，加强国家数据安全工作的统筹协调，确立了数据分类分级管理，数据安全审查，数据安全风险评估、监测预警和应急处置等基本制度①。

三、新基建方面的一些国际举措

随着新一轮科技革命和产业变革加速演进，主要国家均将数字基础设施建设作为实现产业升级和创新发展的重要保障，大力发展数字基础设施已成为各国激活新应用、拓展新业态、创造新模式的物质基础。当前，全球范围内不同类型的数字基础设施发展阶段存在差异，网络基础设施建设推进较早，算力基础设施建设持续进行，应用基础设施建设重点布局，相应政策推进力度与重点也不尽相同，呈现分化态势②。

（一）网络基础设施建设布局领先于其他基础设施

网络基础设施建设布局领先于其他基础设施且进入政策升级发力期。2021 年，美国提出"美国拯救计划"，投入 100 亿美元为美国人提供可靠且可负担的高速互联网服务。2022 年，美国财政部为 42 个州的宽带、数字技术和多功能社区中心项目拨款约 67 亿美元，惠及 188 万家企业及其他相关场所，覆盖近 1800 户家庭。据美国联邦通信委员会预测数据，该计划最终将提升 4800 万户家庭的互联网使用体验，占美国家庭总数的 40%。欧盟 2014 年首次提出"欧洲互联互通数字项目"部署数

---

① 中国信息通信研究院：《全球数字经济白皮书（2023 年）》，2024 年 1 月，第 5—6 页。
② 中国信息通信研究院：《全球数字经济白皮书（2023 年）》，2024 年 1 月，第 6—7 页。

字网络和服务，2014—2020 年间共提供超 10 亿欧元资金，32个欧洲国家从中受益。2021 年，项目二期工程（CEFⅡ）将资金增加至 16 亿欧元，计划在 2021—2027 年间进一步支持各国先期及新增项目落地，布局未来数字基础设施建设。2022 年 1月至 2023 年 10 月，项目已启动三轮"推动实现安全可持续数字基础设施部署"的提案征集，预算总价值达 7.55 亿欧元。中国全面部署新一代通信网络基础设施，先后在《"双千兆"网络协同发展行动计划（2021—2023 年）》《"十四五"信息通信行业发展规划》《"十四五"数字经济发展规划》《数字中国建设整体布局规划》等文件中提出加快拓展 5G 网络覆盖范围、全面部署千兆光纤网络、持续推进骨干网演进扩容和服务能力升级等目标。韩国科学与信息通信技术部发布《2022 年数字新政行动计划》，提出自 2022 年起逐步投入 5000 亿韩元推进非接触式基础设施升级，使之广泛服务于教育、医疗保健和中小型企业。日本发布《ICT 基础设施区域扩展总体规划 2.0》和"数字田园都市国家构想"，拨付资金加快 5G 和光纤的铺设进程，计划到 2027 年底前将高速互联网光纤线路覆盖至 99.9% 的家庭，到 2030 年底将 5G 网络的人口覆盖率提升至 99%[①]。

（二）算力基础设施建设相关政策部署不断强化

2022 年，美国提出《联邦数据中心增强法案》，旨在更新并修订美国联邦数据中心整合计划，要求联邦数据中心制定有关网络入侵、数据中心可用性、关键任务正常运行时间以及抵

[①] 中国信息通信研究院：《全球数字经济白皮书（2023 年）》，2024 年 1 月，第 7—8 页。

御物理攻击和自然灾害的应对措施，并将数据中心使用过程优化和节省成本列入联邦机构工作重点。在量子计算基础设施建设领域，2022 年 5 月，美国总统拜登签署《关于促进美国在量子计算领域的领导地位同时降低脆弱密码系统风险的国家安全备忘录》，明确美国在保持量子信息科学领域竞争优势方面的关键措施，并提出用抗量子密码技术的相关系统替换低安全性的计算机系统。2023 年 1 月，欧盟《2030 年数字十年政策方案》正式生效，方案提出数据基础设施建设标准，要求以开放的方式保障欧盟数字主权，以安全和可访问为原则，有效储存、传输和处理大量数据，确保初创生态系统和欧洲数字创新中心的顺利运作。在超大规模超级计算机制造领域，2023 年 10 月，欧洲首台百亿亿次的超大规模超级计算机由欧洲高性能计算联合组织主持建造，分别部署在德国与法国两地，旨在支持复杂系统、高精度模型的开发，使人工智能和海量数据分析得到进一步广泛应用，为欧洲科学研究、工业创新和社会进步开辟新的可能性。日本政策着力点倾向于算力资源分布优化与升级。2023 年，日本修订《半导体和数字产业战略》，提出计划基于北海道与九州丰富的可再生能源电力供应，在两地部署新的大规模数据中心，分担东京与大阪的数据处理压力。同时，日本超级计算机处于智能化与量子化同步更迭阶段，2023 年，日本初步规划为生成式 AI 与量子技术所用的超级计算机建设投入 2.26 亿美元，项目由国立产业技术综合研究所牵头，建成后将是日本现有最先进超级计算机算力的 2.5 倍。在量子化方面，2023 年，日本理化学研究所正积极推进"富岳（Fugaku）"超级计算机与量子计算机的连接工程，并基于《经济安全促进法》为东京大学提供 2802.66 万美元补贴，用于相关研究人员对量子计算机的开发利用，强化算力基础设施建设①。

（三）网络建设力图实现更大范围红利共享

宽带网络发展水平进一步提升，助力弥合数字鸿沟。一方面，固定宽带网速提升迅速。Ookla's Net Index 数据显示，截至2023 年 9 月，全球固定宽带网络下载和上传速度的中位数分别为 85.31 Mbps 和 39.16 Mbps，网络延迟约为 9 毫秒，上传和下载速度较 6 月均有提升。另一方面，网络覆盖范围持续扩大，随着各国宽带网络体系化部署日益完善，2015—2022 年，全球固定宽带用户数由 8.3 亿人提升至 14.0 亿人，年均复合增长7.6%。按国家收入水平分组看，不同收入水平国家之间的发展差距有所缩小。高收入国家固定宽带用户数基本进入稳定增长阶段，2022 年增速为 2.9%，2015—2022 年年均复合增长3.3%；低收入国家固定宽带用户数近年来实现高速增长，2022年增速达到 20.7%，2015—2022 年年均复合增速与全球平均水平大致相当；中低收入水平与中高收入水平国家 2015—2022 年年均复合增速均超过全球平均水平，分别为 13.0% 和 10.1%。但总体看，国家间数字鸿沟仍有较大弥合空间。ITU 数据显示，2022 年，全球固定宽带用户平均每月使用的数据量为 257 GB，而在低收入国家仅为 161 GB。此外，2023 年全球 15—24 岁的年轻人中有 79% 使用互联网；城市互联网用户比例为 81%，是农

———————————

① 中国信息通信研究院：《全球数字经济白皮书（2023 年）》，2024 年 1 月，第 8—9 页。

村地区的 1.6 倍①。

四、装备制造业发展方面的一些国际举措

世界各国都将发展装备制造产业核心技术提升为国家发展战略的核心层面，先后出台各类相关政策措施，激励本国制造产业的换代升级，以谋求在新一轮产业革命角逐中占据有利地位，确保其在全球价值链分工中占有一席之地。发达国家推动装备制造业与新兴技术深度融合，以信息技术驱动装备制造业快速升级变革，智能化、网络化、数字化已成为未来变革重要趋势，通过重构制造业产业链条，让更多的高附加值生产制造环节回归本土，提高本国工业经济与竞争实力。美国、德国、日本等制造业传统强国，充分把握新一轮工业革命的机遇，以自身优势领域为抓手，以确保在未来全球产业体系与价值链分工体系中继续保持高端领导地位。新兴国家通过国家政策大力推动先进制造业发展，积极抢占未来高端装备制造业的巨大市场，逐步进入价值链的核心层，冲击全球制造业传统格局。如巴西公布了工业强国计划，印度颁布了国家制造业政策等。泰国、印尼和越南等国家依靠资源、劳动力等比较优势，开始在中低端制造业上发力，以更低廉的成本参与劳动密集型制造产业。发展中国家低成本制造竞争和发达国家的再工业化加快了全球高端制造产业结构的重组速度②。

---

① 中国信息通信研究院：《全球数字经济白皮书（2023 年）》，2024 年 1 月，第 19—20 页。

② 李芳芳、张祎、滕可心、尹著：《支持我国装备制造业高质量发展的财税金融政策研究》，《工信财经科技》2023 年第 4 期，第 61—72 页。

第三节　两个装备制造业
数字化转型的国内案例

2023 装备制造业高质量发展大会暨全国工商联高端装备制造与仪器仪表委员会年会 10 月 11—12 日在浙江绍兴上虞举办。来自全国各地的 500 多名院士专家、行业领导和企业家相聚曹娥江畔，围绕装备制造业数字化转型、智能化、绿色化高质量发展等热点话题进行了深入研讨。国家智能制造专家委委员、中国工信出版传媒集团编辑委员会副主任刘九如应邀参加大会，并在会上作了《装备制造业数字化转型的方向与路径》的主题演讲。

刘九如连续 3 年参加清华大学经管学院与《哈佛商业评论》等联合举办的"数字化转型先锋榜"的评选推荐，有机会跟踪了近 300 家企业的数字化转型实践，也走访调研了 40 多家企业。他分享了如下两个装备制造业数字化转型的案例①：

一、三一集团 18 号工厂的数字化转型

位于湖南长沙经开区的三一集团 18 号工厂，等离子切割机正根据不同指令切割不同形状的钢板，切割完成后的钢板由机械手臂分拣、抓取到不同的分装框中，再由自动运输机器人运送到指定位置；加入视觉识别模块的智能焊接机器人有条不紊

---

① 刘九如：《装备制造业数字化转型的方向与路径》，《中国信息化》2023 年第 10 期，第 5—9 页。

地进行焊接；多台自动引导运输车满载物料不间断地运输……一台泵车有 2200 个零件，生产完成要经过 196 道工序。在 18 号工厂，每台泵车从原材料开始就有一张专属"身份证"，由"工厂大脑"全程智能调度，实现"一张钢板进、一台泵车出"的智能制造全过程。2 毫米至 120 毫米厚的钢制板材经过无人化下料、智能化分拣、自动化组焊、无人化机加、智能化涂装等工艺，45 分钟就能组装好一辆重达 46 吨的泵车。过去一个工厂有 2600 多名操作工，现在不到 500 人。这就是三一集团通过数字化转型构建的全数字工厂。18 号工厂依托工业互联网操作系统为底座，进行全面数智化设计，工厂的 9 项工艺、32 个典型场景实现"聪明作业"；与传统同类工厂比较，18 号工厂产能提升 123%，效率提升 98%，整体自动化率升至 76%，可生产 263 种机型。三一集团还通过深入挖掘、分析大数据，打造了业内著名的"挖掘机指数"；培育形成了"根云"工业互联网平台，已接入超过 25 万台设备，实时采集位置、油温、油位、压力、温度、工作时长等超过 5000 多个参数和 1 万多个运行参数，为 45 个国家和地区的企业提供服务，实现业务转型。

二、"数字江铜"

走进江西铜业在亚洲最大的露天铜矿德兴铜矿采区，可以看见一架无人机翱翔半空，只需要半小时左右的飞行数据采集，就能快速生成整个矿山的实景三维模型，放大后可以查看矿山每一处厘米级的细微变化……在江铜的贵溪冶炼厂电解铜车间，运输、质检、取样、称重、贴标打包……自动叉车和机械臂各司其职，有序作业，以往 12 道互不衔接的工序，如今融为一体。电解铜智能生产流水线，让工厂更"聪明"。江西铜业数字化转型聚焦智慧矿山建设，通过北斗定位、5G、工业互联网、无人驾驶、大数据、人工智能等数字技术与矿业关键环节深度融合，形成"一云三网"系统，即矿山私有云（数据中心）、管理网、控制网、监控网，涵盖露天矿山、井下矿山、铜冶炼、铅锌冶炼、铜加工（杆线）、工业园区、江铜云、数据治理等，构建起了智能采矿业务一体化管控的"数字江铜"平台。

第六章

新基建赋能装备制造业
数字化转型的对策

　　党的二十大报告提出要"优化基础设施布局、结构、功能和系统集成，构建现代化基础设施体系"。2024 年 7 月 18 日中国共产党第二十届中央委员会第三次全体会议通过的《中共中央关于进一步全面深化改革推进中国式现代化的决定》也指出，以经济体制改革为牵引，以促进社会公平正义、增进人民福祉为出发点和落脚点，更加注重系统集成，更加注重突出重点，更加注重改革实效，推动生产关系和生产力、上层建筑和经济基础、国家治理和社会发展更好相适应，为中国式现代化提供强大动力和制度保障。同时，该《决定》还提出"进一步全面深化改革的原则之一就是坚持系统观念，处理好经济和社会、政府和市场、效率和公平、活力和秩序、发展和安全等重大关系，增强改革系统性、整体性、协同性"。所以本章将从多个方面提出相关对策。

第一节　国家重要文件的相关要求

一、国家重要文件的总体要求

（一）对产业数字化转型的要求

《中华人民共和国国民经济和社会发展第十四个五年规划和2035年远景目标纲要》第十五章的标题就是打造数字经济新优势。该章第三节的标题为推进产业数字化转型。这一节的内容中提出要实施"上云用数赋智"行动，推动数据赋能全产业链协同转型。在重点行业和区域建设若干国际水准的工业互联网平台和数字化转型促进中心，深化研发设计、生产制造、经营管理、市场服务等环节的数字化应用，培育发展个性定制、柔性制造等新模式，加快产业园区数字化改造。

《"十四五"信息通信行业发展规划》对包括制造业在内的相关行业数字化转型的具体规划如下：数字化应用水平大幅提升。信息通信技术与经济社会各领域深度融合，工业和信息通信领域数据应用水平显著提高。互联网新业态新模式蓬勃发展，工业互联网创新应用范围向生产制造核心环节持续延伸，上云、上平台企业数量大幅提升，社会治理和公共服务数字化、智能化水平明显提高。协同创新生态体系进一步优化，在终端、内容和应用开发等环节培育形成一批特色化、专业化企业[①]。

---

① 工业和信息化部：《"十四五"信息通信行业发展规划》，2021年11月，第9页。

（二）对数字产业化的要求

新基建属于数字产业化一个重要组成部分，《中华人民共和国国民经济和社会发展第十四个五年规划和2035年远景目标纲要》对数字产业化和新基建都有相关要求。第十五章第二节的标题即为加快推动数字产业化。这一节的内容中提出要培育壮大人工智能、大数据、区块链、云计算、网络安全等新兴数字产业，提升通信设备、核心电子元器件、关键软件等产业水平。构建基于5G的应用场景和产业生态，在智能交通、智慧物流、智慧能源、智慧医疗等重点领域开展试点示范。鼓励企业开放搜索、电商、社交等数据，发展第三方大数据服务产业。促进共享经济、平台经济健康发展。

（三）对新基建的总体要求

《中华人民共和国国民经济和社会发展第十四个五年规划和2035年远景目标纲要》的第十一章比较具体地阐述了我国现代化基础设施体系建设的目标。该章内容强调要统筹推进传统基础设施和新型基础设施建设，打造系统完备、高效实用、智能绿色、安全可靠的现代化基础设施体系。这一章第一节的标题就是加快建设新型基础设施。这一节的内容中要求，围绕强化数字转型、智能升级、融合创新支撑，布局建设信息基础设施、融合基础设施、创新基础设施等新型基础设施。建设高速泛在、天地一体、集成互联、安全高效的信息基础设施，增强数据感知、传输、存储和运算能力。2021年12月发布的《"十四五"数字经济发展规划》也提出要"优化升级数字基础设施"和"加快建设信息网络基础设施，推进云网协同和算网融合发展，有序推进基础设施智能升级"。工业和信息化部制定的《"十四五"信息通信行业发展规划》中"发展重点"部分的第一项就是建设新型数字基础设施，要求加快推进"双千兆"网络建设，统筹数据中心布局，积极稳妥发展工业互联网和车联网，构建以技术创新为驱动、以新一代通信网络为基础、以数据和算力设施为核心、以融合基础设施为突破的新型数字基础设施体系①。

二、国家重要文件对新基建的具体要求

（一）"十四五"规划的相关要求

《中华人民共和国国民经济和社会发展第十四个五年规划和 2035 年远景目标纲要》十一章第一节的标题为加快建设新型基础设施。这一节对新基建有如下具体要求：加快 5G 网络规模化部署，用户普及率提高到 56%，推广升级千兆光纤网络。前瞻布局 6G 网络技术储备。扩容骨干网互联节点，新设一批国际通信出入口，全面推进互联网协议第六版（IPv6）商用部署。实施中西部地区中小城市基础网络完善工程。推动物联网全面发展，打造支持固移融合、宽窄结合的物联接入能力。加快构建全国一体化大数据中心体系，强化算力统筹智能调度，建设若干国家枢纽节点和大数据中心集群，建设 E 级和 10E 级超级计算中心。积极稳妥发展工业互联网和车联网。

（二）《"十四五"信息通信行业发展规划》的相关要求

《"十四五"信息通信行业发展规划》也作出了相关要求，

---

① 工业和信息化部：《"十四五"信息通信行业发展规划》，2021 年 11 月，第 11 页。

具体①如下：

1. 通信网络基础设施保持国际先进水平

建成全球规模最大的5G独立组网网络，实现城市和乡镇全面覆盖、行政村基本覆盖、重点应用场景深度覆盖；千兆光纤网络实现城乡基本覆盖。骨干网智能化资源调度水平显著提升，互联互通架构持续优化，整体性能保持国际一流，网络、平台、应用、终端等全面支持IPv6。低中高速协同发展的移动物联网综合生态体系全面形成。国际通信网络布局更加均衡，网络质量和服务能力显著提升。

2. 数据与算力设施服务能力显著增强

数据中心布局实现东中西部协调发展，集约化、规模化发展水平显著提高，形成数网协同、数云协同、云边协同、绿色智能的多层次算力设施体系，算力水平大幅提升，人工智能、区块链等设施服务能力显著增强。

3. 融合基础设施建设实现重点突破

基本建成覆盖各地区、各行业的高质量工业互联网网络，打造一批"5G＋工业互联网"标杆。工业互联网标识解析体系更加完善，服务能力大幅提高。建成一批有影响力的工业互联网平台和公共服务平台。重点高速公路、城市道路实现蜂窝车联网（C－V2X）规模覆盖。

---

① 工业和信息化部：《"十四五"信息通信行业发展规划》，2021年11月，第8页。

第二节　促进新基建高质量发展

一、适度推进网络基础设施建设

目前我国在以 5G 为代表的网络基础设施方面已取得了显著的成就，部分领域已处于世界领先位置。我国已建成全球规模最大、技术领先的网络基础设施。网络基础设施的部分领域，例如 5G 领域，已基本可以满足我国装备制造业数字化转型的需要。当然，网络基础设施的部分领域还存在一些短板，例如，我国新型基础设施在数据传输速度和稳定性等方面尚待提高，难以满足更高要求的业务需求[①]。网络基础设施的这些短板领域还需要加大建设力度，而且即使是 5G 等领先领域，也需要保持必要的建设速度以满足传统产业数字化转型不断发展的需要。

二、进一步加强工业互联网平台建设

工业互联网平台可以从顶层为企业规划全信息化系统部署的最佳实践路径，帮助企业梳理各项业务流程，为企业积累宝贵的生产运营数据。它利用面向工业生产建立的算法模型，分析积累沉淀的数据，使平台功能不断向生产现场下沉，优化企业的生产运营流程，最终实现企业效率提升、生产力提升、成本下降、利润增长。工业互联网平台驱动工业生产全要素，打

---

① 田鹏：《群策群力补齐数字基础设施短板　夯实我国数字经济发展底座》，《证券日报》，2024 年 7 月 8 日，第 A02 版。

通产业全链路，推动生产和服务资源的重新优化配置，促进企业生产、制造、运营体系实现再造。装备企业需要依托工业互联网平台，采集和汇聚研发设计、生产制造、用户服务、经营管理等活动产生的业务数据，并开展数据云端存储、主数据管理、数据标准化、数据质量管理、数据分级分类管控和安全维护等基础工作[①]。而目前我国工业互联网平台建设还需进一步加强，以满足装备制造业数字化转型的需要。

三、优化算力基础设施发展

算力是指处理数据的能力，包括数据总量、数据存储能力、数据计算速度、数据计算方法、数据通信能力等，是数据收集、存储、计算、分析和传输的综合能力。我国算力总规模已居世界第二位，但算力基础设施建设仍存在一些短板。下一步我国还需要优化算力资源布局，提升使用效率空间、算力网络传输性能和协同调度能力等。

四、进一步提升企业内部的新基建质量

要真正促进装备制造业的数字化转型，企业内部的 OT 网络和 IT 网络要有效衔接，企业内、外部的新型基础设施网络也要有效衔接。目前，企业的数字化转型对基础设施的需求，不再仅是堆砌传统的计算、存储、网络设备，而是要打造具备泛在算力、全面连接能力并可以承载海量数据和高度智能的"云边

---

① 刘九如：《装备制造业数字化转型的方向与路径》，《中国信息化》2023 年第 10 期，第 5—9 页。

端数智"融合型数字基础设施，推进企业 OT 网络、IT 网络、互联网之间的融合和集成。但有数据显示，当前仅有 5.8% 的企业可以将企业内 OT 网络、IT 网络以及企业外互联网实现互联互通，支持实现生态合作伙伴之间物与物、物与人、人与人的互操作[①]。一项相关研究也表明，目前我国大多数装备制造企业的网络设施仍主要以 4G 和光纤网络为主，尚未全面建成云网融合、算网协同的立体化网络，导致新型（数字）基础设施对装备制造业的服务支撑仍停留在生产的外围环节，未涉足核心环节[②]。所以，目前我国装备制造业需要加快内部网络的衔接和质量提升，以便更好地与外部网络衔接融合，进而有效促进企业的数字化转型。

五、促进区域间新基建的均衡、协调发展

近年来我国数字化发展较快，但发达地区与欠发达地区间、农村与城市间的新基建水平仍存在着明显差距，新基建企业需要采取多种措施促进区域间新基建的均衡、协调发展，这有利于我国新基建整体水平的提升。

六、提升新型基础设施的网络安全水平

有权威资料显示，近年来，我国新型基础设施遭受攻击、大规模重要数据和个人信息被泄露等各类数字安全威胁风险仍

---

① 北京国信数字化转型技术研究院、中关村信息技术和实体经济融合发展联盟：《企业数字化转型成熟度发展报告（2022）》，2023 年 3 月，第 19 页。

② 司聪、任保平：《数字经济培育中国装备制造业高质量发展新动能的路径探析》，《贵州社会科学》2024 年第 1 期，第 131—138 页。

然存在，关键信息基础设施应对国家级网络攻击的能力有待提升[①]。网络安全水平是新基建质量的一个重要衡量标准，所以未来一段时期我国还要密切关注新型基础设施的网络安全问题，采取多种措施提升网络安全水平。

七、提升与新基建相关的数字技术和人才水平

我国数字技术创新能力持续提升，但数字关键核心技术对外依存度依然较高，高端芯片、工业控制软件、核心元器件、基本算法等与数字产业相关的关键技术仍受制于人[②]。这些数字关键核心技术中一部分也与新基建密切相关，直接影响着新基建的质量，所以提升这些数字技术有利于新基建的高质量发展。

所谓数字人才，即具备一定的数字素养与技能，能够胜任数字时代相关职责、工作或角色的人员。一项相关研究显示，数字人才短缺是目前我国新基建存在的明显短板，尚待进一步完善[③]。所以，未来一段时期，新基建企业和国家、社会有关部门还需协同发力，共同加强数字人才队伍建设，提升数字人才质量。

---

① 国家数据局：《数字中国发展报告（2023年）》，2024年6月，第48页。

② 国家数据局：《数字中国发展报告（2023年）》，2024年6月，第47页。

③ 田鹏：《群策群力补齐数字基础设施短板 夯实我国数字经济发展底座》，《证券日报》，2024年7月8日，第A02版。

第三节　加快发展数据市场

一、数据市场对装备制造业数字化转型的意义

推动装备制造业数字化转型，数据是资源，网络是平台，算法算力是工具。资源要素变革是数字化转型的驱动引擎。每一次经济形态的重大变革，必然催生也必须依赖新的生产要素。劳动力和土地是农业经济时代新的生产要素，资本和技术是工业经济时代新的生产要素。进入数字经济时代，数据正逐渐成为驱动经济社会发展的关键生产要素和新引擎。要通过深度挖掘工业数据的潜在价值，不断提高数据流、物资流和资金流集成协同能力，充分发挥数据对传统生产要素的叠加、聚合和倍增效应，打造泛在连接、全局协同、智能决策的新型制造体系，促进制造业全要素生产率和核心竞争力大幅提升，为装备制造业数字化转型提供重要动力[①]。

二、我国数据市场相关制度

（一）数据基础制度建设加快推进

数据要素市场化改革步伐进一步加快，统筹管理、协调发展的体制机制进一步完善。如前所述，为了贯彻落实中共中央、国务院《关于构建数据基础制度更好发挥数据要素作用的意

---

① 刘九如：《装备制造业数字化转型的方向与路径》，《中国信息化》2023 年第 10 期，第 5—9 页。

见》，国家数据局等十七个部门联合印发了《"数据要素×"三年行动计划（2024—2026 年)》，提出了数据要素发展总体目标和十二项重点行动，推动数据要素发挥乘数效应，赋能经济社会发展。

（二）各地积极探索推动制度落地

上海、广东、贵州、福建等地积极探索具有地方特色的"数据二十条"，因地制宜规划数据要素市场发展重点任务和目标。北京市启动运行数据基础制度先行区，浙江省发布实施《数据资产确认工作指南》，安徽、海南、成都、青岛等 13 个省市制定出台公共数据授权运营专项制度。

（三）全国数据工作体系初步形成

新组建了国家数据局，统筹推进数字中国规划和建设等工作。31 个省（区、市）和新疆生产建设兵团完成了相应数据机构的组建工作。上下联动、横向协同的全国数据工作体系初步形成①。

三、数据市场发展对策

《"数据要素×"三年行动计划（2024—2026 年)》针对数据市场现存的问题给出了相应的具体对策②：

1. 提升数据供给水平

完善数据资源体系，在科研、文化、交通运输等领域，推动科研机构、龙头企业等开展行业共性数据资源库建设，打造

---

① 国家数据局：《数字中国发展报告（2023 年)》，2024 年 6 月，第 2—4 页。
② 国家数据局等部门：《"数据要素×"三年行动计划（2024—2026 年)》，https://www.cac.gov.cn/2024-01/05/c_ 1706119078060945. htm。

高质量人工智能大模型训练数据集。加大公共数据资源供给，在重点领域、相关区域组织开展公共数据授权运营，探索部省协同的公共数据授权机制。引导企业开放数据，鼓励市场力量挖掘商业数据价值，支持社会数据融合创新应用。健全标准体系，加强数据采集、管理等标准建设，协同推进行业标准制定。加强供给激励，制定完善数据内容采集、加工、流通、应用等不同环节相关主体的权益保护规则，在保护个人隐私前提下促进个人信息合理利用。

2. 优化数据流通环境

提高交易流通效率，支持行业内企业联合制定数据流通规则、标准，聚焦业务需求促进数据合规流通，提高多主体间数据应用效率。鼓励交易场所强化合规管理，创新服务模式，打造服务生态，提升服务质量。打造安全可信流通环境，深化数据空间、隐私计算、联邦学习、区块链、数据沙箱等技术应用，探索建设重点行业和领域数据流通平台，增强数据利用可信、可控、可计量能力，促进数据合规高效流通使用。培育流通服务主体，鼓励地方政府因地制宜，通过新建或拓展既有园区功能等方式，建设数据特色园区、虚拟园区，推动数据商、第三方专业服务机构等协同发展。完善培育数据商的支持举措。促进数据有序跨境流动，对标国际高标准经贸规则，持续优化数据跨境流动监管措施，支持自由贸易试验区开展探索。

3. 加强数据安全保障

落实数据安全法规制度，完善数据分类分级保护制度，落实网络安全等级保护、关键信息基础设施安全保护等制度，加强个人信息保护，提升数据安全保障水平。丰富数据安全产品，发展面向重点行业、重点领域的精细化、专业型数据安全产品，开发适合中小企业的解决方案和工具包，支持发展定制化、轻便化的个人数据安全防护产品。培育数据安全服务，鼓励数据安全企业开展基于云端的安全服务，有效提升数据安全水平。

第四节　促进数字技术及数字人才发展

《中华人民共和国国民经济和社会发展第十四个五年规划和2035年远景目标纲要》指出，坚持创新在我国现代化建设全局中的核心地位，把科技自立自强作为国家发展的战略支撑，面向世界科技前沿、面向经济主战场、面向国家重大需求、面向人民生命健康，深入实施科教兴国战略、人才强国战略、创新驱动发展战略，完善国家创新体系，加快建设科技强国。通过本书第二章的相关内容可知，创新（特别是技术创新）是数字经济促进装备制造业转型升级和高质量发展的重要途径之一，是多数相关实证分析的主要中介变量。

一、数字技术发展的重要作用

新一代 IT（Information Technology）技术与工厂自动化运营技术 OT（Operation Technology）深度融合，是制造业数字化转型的重要动力。IT 技术是新一轮科技革命中研发投入最集中、创新最活跃、应用最广泛、辐射带动作用最大的技术创新领域，具有高渗透性、高倍增性、高带动性和高创新性等特点。IT 技术与 OT 技术的融合为传统制造业插上信息化的翅膀、注入数字化的基因，能够深刻改变产业结构、技术经济模式、生产制造方式和组织管理体系，加速推动装备制造业数字化转型[①]。一项相关研究表明，在网络基础设施建设作用下，企业数字化转型得到显著提升；网络基础设施建设可以提高企业创新能力和信贷可得性，推动企业数字化转型；而当企业具有信息技术背景和风险偏好度高的 CEO 时，网络基础设施建设对企业数字化转型的促进作用更加显著[②]。

二、有效促进数字技术进步

《中华人民共和国国民经济和社会发展第十四个五年规划和2035 年远景目标纲要》第十五章的标题是打造数字经济新优势。这一章的第一节具体强调了加强关键数字技术的创新应用问题。这一节的内容中提出：要聚焦高端芯片、操作系统、人工智能关键算法、传感器等关键领域，加快推进基础理论、基础算法、装备材料等研发突破与迭代应用。加强通用处理器、云计算系统和软件核心技术一体化研发。加快布局量子计算、量子通信、神经芯片、DNA 存储等前沿技术，加强信息科学与生命科学、材料等基础学科的交叉创新，支持数字技术开源社区等创新联合体发展，完善开源知识产权和法律体系，鼓励企业开放软件源代码、硬件设计和应用服务。所以采取多种举措有效促进数字技术进步是当前和今后一个时期我国的必要选择。这里以外循环为例。我国虽然对近三分之一的"一带一路"共

---

① 刘九如：《装备制造业数字化转型的方向与路径》，《中国信息化》2023 年第 10 期，第 5—9 页。

② 王磊、李吉：《网络基础设施建设与企业数字化转型：理论机制与实证检验》，《现代经济探讨》2024 年第 1 期，第 77—89 页。

建国家在装备制造产品出口方面存在比较优势，但是总体质量不高，虽然存在规模优势，却缺乏核心竞争力，所以未来还需要加大对关键核心技术的研发力度，重塑国际竞争新优势[①]。

三、有效促进数字人才发展

目前数字信息技术人才短缺是一个比较普遍的现象。例如有研究就指出，目前高校培养的单一专业人才已经不能很好地满足企业数字化转型发展的需要，除资金和技术等因素外，既掌握一定的 ICT 专业技术又具备相关业务模块能力与知识储备，既具备数字化战略与考量又拥有管理能力的综合型数字人才的不足已严重阻碍了企业数字化转型的进程[②]。所以我国教育部门、学校、社会需要共同发力，协同促进数字人才的培养。这里仍以外循环为例。湖南机械装备制造业职业教育集团对 10 所高职院校和 35 个规模以上且有境外业务的企业的一项调研显示，导致高职院校和企业校企合作不够深入、协同不够紧密的主要问题如下：一是装备制造业外向型人才需求信息反馈不畅，人才培养与企业真实需求不对接；二是装备制造业外向型人才培养途径单一，企业参与不深，不能满足企业的多样化需求；三是装备制造业外向型人才培养课程结构不合理，与培养目标不匹配；四是装备制造业外向型人才的保障机制不健全，培养效率和质量不能满足企业实际需要；五是装备制造业外向型人

---

① 胡颖、郭秋硕：《我国对"一带一路"沿线国家装备制造业出口现状及贸易潜力研究》，《对外经贸实务》2022 年第 5 期，第 56—62 页。

② 吴禹霖：《河北省综合型数字人才严重短缺，企业数字化转型"不会转、不能转、不敢转"问题突出》，https://www.pishu.cn/psgd/568930.shtml。

才培养校企合作评价体系不完善，校企合作效度不明显①。所以目前在外向型人才的培养方面，第一要加强涉外企业与各类培养院校的信息沟通，使培养单位真正了解市场需求，依据市场需求调整培养模式。在这一信息沟通过程中，政府可起到重要的促进作用。第二是在外向型人才的培养过程中培养单位可以积极与涉外企业采取多种形式的合作，联合培养外向型人才。第三是培养单位需要依据市场需求不断改进人才培养的内容和方式，健全外向型人才培养的保障机制，改进相关评价机制等。

第五节　加大政府政策扶持力度

一、政府政策扶持的重要意义

我国制造业企业实施数字化转型既有提高产品质量和竞争力的主动作为，又有"招工难"倒逼的被动应对，但主要是企业出于生产经营现实需要做出的理性抉择，不过，政策引导加速了转型进程②。而且，政府部门的级别越高，其政策效果就越显著。例如，一项有关数字基础设施政策与企业数字化转型关系的研究就发现，由发改委牵头制定的数字基础设施政策效果更为显著，多部门发文也表现出更为明显的激励效果③。

---

① 伍俊晖：《"一带一路"背景下装备制造业校企协同人才培养创新与实践》，《中国职业技术教育》2020 年第 10 期，第 61—66 页。

② 陈楠、蔡跃洲、马晔风：《制造业数字化转型动机、模式与成效——基于典型案例和问卷调查的实证分析》，《改革》2022 年第 11 期，第 37—53 页。

③ 王海、闫卓毓、郭冠宇、尹俊雅：《数字基础设施政策与企业数字化转型："赋能"还是"负能"？》，《数量经济技术经济研究》2023 年第 5 期，第 5—23 页。

一项有关装备制造业企业数字化转型的研究发现，从政策激励的成效来看，多维度政策在降低转型成本、促进人才引进、增强创新能力、提高融资能力等方面发挥了关键作用。该研究所调查的大多数受访企业都表示，一方面，政策帮助他们降低了数字化转型的成本，这包括采购硬件、软件以及相关服务的费用；另一方面，部分企业认为政策还可以助力企业的人才引进，对于数字化转型而言尤为关键，因为专业技能人才是推行新技术的基础。此外，提高中小企业融资能力、提供有效的支持平台等也有助于中小企业实现数字化转型和市场扩张。从政策工具来看，政府补贴和贷款、税收优惠，以及财政专项资金是最主要也被中小企业认为是最有效的政策支持。但该研究也指出，虽然多维度政策可以有效激励企业深入推进数字化转型，但目前尚未形成完备体系①。

二、政府补助促进装备制造业数字化转型的意义

有研究者实证检验了政府补助政策对装备制造业转型升级的激励效应，研究发现：（1）无论是匹配前还是匹配后，获得政府补助的样本转型升级指数均高于未获得补助的样本，这一结果表明，政府补助对支持装备制造业实现转型升级具有正向激励效应；（2）这种激励效应具有异质性，即政府补助对国有装备制造业企业转型升级的激励效应高于非国有企业，对铁路、船舶、航空航天和其他运输设备制造业转型升级的激励效应高

---

① 张红霞、黄隽：《装备制造业数字化转型及其对区域分布的影响分析》，《中国国情国力》2023 年第 12 期，第 12—17 页。

于其他行业，对我国东部地区的装备制造业转型升级的激励效应高于其他地区①。这意味着，政府可以通过补助的方式来促进装备制造业的数字化转型。

三、政府补助对装备制造业技术创新影响的争议

当然，对于政府补助政策促进装备制造业企业数字化转型的效果，相关研究还存在着一些争议。这里以装备制造业技术创新为例。有研究者对学术界就政府补助对装备制造业技术创新的影响这一问题进行了综述，认为学术界的相关研究大致可得出这三类结论：一是促进论。该类研究认为政府补助促进了装备制造业技术创新，从而有利于推动装备制造业实现转型升级。沙雷迪利亚等对电动汽车行业技术创新情况进行研究发现，实施积极的财政激励政策能够有力推动电动汽车行业基础设施的建设，从而有利于促进电动汽车制造业技术创新。辛等研究了韩国制造业的技术创新情况，研究结果表明，政府财政补助对韩国中小型制造业企业全要素生产率的提升呈现出显著的正向激励效应。二是阻碍论。该类研究认为政府补助不利于装备制造业技术创新，从而影响其转型升级。莱希和尼里通过研究发现，政府财政补助对企业的研发投入具有明显的挤出效应和替代效应，从而抑制企业技术创新活动开展，影响全要素生产率的提高。陈和伊拉扎巴尔通过实证研究发现，生产性企业的隐形生产补贴造成资源要素误置，导致智利装备制造业的全

① 胡丽娜、薛阳：《政府补助对装备制造业转型升级的激励效应》，《当代经济研究》2022年第8期，第88—99页。

要素生产率增长减少了40%。黄昌富等分析认为，政府补助会抑制市场出清机制发挥作用，侵蚀装备制造业企业自主创新力量，容易引发装备制造业"补贴依赖症"，从而不利于装备制造业转型升级。三是不确定论。该类研究认为政府补助通过技术创新对装备制造业转型升级产生的影响存在不确定性。德克拉默和范诺梅林根通过实证研究发现，政府补助能够提高全要素生产率，不过有一定的前提条件。李春临和许薛璐等研究了选择性、竞争性两种不同政府财政补助方式对装备制造业企业全要素生产率的影响，研究结果表明，竞争性政府财政补助对市场秩序的负面作用较小，更有助于促进企业创新、提升全要素生产率。[1] 可见，要通过政府补贴来有效促进装备制造业企业的数字化转型，还需要政府充分考虑各主要影响因素后谨慎选择补贴的具体方式和力度。

四、完善包容性发展政策

（一）促进区域数字经济均衡发展

一项研究发现，网络基础设施建设（其部分内容属于新基建）有助于促进企业数字化转型，给定其他条件不变，相比控制组企业，"宽带中国"试点政策平均使得实验组企业数字化转型程度提高5.61%。网络基础设施建设对企业数字化转型的影响可能因个体而异。技术禀赋方面，相比非高新技术企业，更有助于促进高新技术企业数字化转型；企业区位方面，相比

---

[1] 胡丽娜、薛阳：《政府补助对装备制造业转型升级的激励效应》，《当代经济研究》2022年第8期，第88—99页。

中西部地区企业，更有助于促进东部地区企业数字化转型①。这意味着，地区经济发展水平提高可以强化新基建对企业数字化转型的正向促进效应。所以，政府需要采取多种措施促进区域经济均衡发展。

（二）加大力度扶持中小企业

近年来全球数字经济发展的一个特点是包容性发展政策不断丰富，这方面政策的一个主要组成部分就是加强中小企业和初创企业数字化转型方面的市场能力。近年来中小企业和初创企业数字化转型促进政策的一个重要特征就是向聚焦市场能力培育方向转变。2023 年，美国授权网络安全和基础设施安全局执行《中小型企业弹性供应链风险管理计划》，旨在指导中小企业应对供应链中断风险、增强整体应变能力，并制定《为中小型企业赋能：制定弹性供应链风险管理计划的资源指南》，帮助中小企业制定符合业务需求的数字供应链计划。德国"制造业 X"计划提出要降低中小型企业的生产成本与合规成本，降低中小企业与客户和供应商交换数据过程的规则门槛和标准风险，打破中小企业大数据治理难题，实现数据驱动发展。日本2019 年发布数字新政，提高中小企业信息化水平，2020 年制定"经济增长战略行动计划"，将促进中小企业合并、扩大经营规模、提升生产效率作为重要内容②。

就我国的情况而言，一项相关研究发现，网络基础设施建

---

① 邱洋冬：《网络基础设施建设驱动属地企业数字化转型——基于"宽带中国"试点政策的准自然实验》，《经济与管理》2022 年第 4 期，第 57—67 页。
② 中国信息通信研究院：《全球数字经济白皮书（2023 年)》，2024 年 1 月，第 11—12 页。

设（其部分内容属于新基建）对企业数字化转型的影响可能因个体而异。所有制方面，相比国有企业，"宽带中国"试点政策更有助于促进非国有企业数字化转型；企业规模方面，相比大规模企业，更有助于促进小规模企业数字化转型①。另一项相关研究也发现，与其他类型的企业相比，数字基础设施政策更有利于推动小规模企业和非国有企业的数字化转型②。但中小企业因为自身实力偏弱，所以数字化转型的能力也比较弱，这就需要各级政府给予一定的扶持。

当然，我国也在持续关注中小企业发展，2008—2022 年，相继发布《关于印发强化服务促进中小企业信息化意见的通知》《中小企业数字化赋能专项行动方案》《关于推进"上云用数赋智"行动培育新经济发展实施方案》《数字化转型伙伴行动倡议》《中小企业数字化转型指南》等政策文件，通过加大数字化投入、助力"上云用数赋智"、编制指南等方式推动中小微企业数字化转型。2023 年，中国开展中小企业数字化转型试点工作，加快带动一批中小企业成长为专精特新企业，推进产业基础高级化、产业链现代化发展③。但相关工作还需进一步提高效率和质量。

（三）提高民众的数字素养

近年来全球数字经济包容性发展政策除了加强对中小企业

---

① 邱洋冬：《网络基础设施建设驱动属地企业数字化转型——基于"宽带中国"试点政策的准自然实验》，《经济与管理》2022 年第 4 期，第 57—67 页。

② 王海、闫卓毓、郭冠宇、尹俊雅：《数字基础设施政策与企业数字化转型："赋能"还是"负能"？》，《数量经济技术经济研究》2023 年第 5 期，第 5—23 页。

③ 中国信息通信研究院：《全球数字经济白皮书（2023 年）》，2024 年 1 月，第 11 页。

和初创企业数字化转型方面的市场能力的培养之外，另一个主要方面就是对数字素养培育的重视。全球主要国家形成以中小企业和初创企业市场能力培育、以数字素养和技能养成为抓手的包容性发展政策，助力进一步在全球范围内缩小数字鸿沟，加速实现可持续发展目标。公众数字素养和技能提升政策成为普惠发展的新热点。2023 年 3 月，美国推出《2023 年数字公平基金会法案》，鼓励在社区层面开展数字化投资，在全国范围内实现涵盖"获得数字扫盲培训""可获得高质量的技术支持"以及劳动者"基本了解确保网络隐私和网络安全的措施"的数字包容。北欧国家信息通信技术发展较好、公众信息通信技术使用水平较高，也将"数字包容"议题作为关注重点之一。2022 年 2 月，挪威地方政府和区域发展部发布《数字贯穿生活》计划，防止挪威因数字技术分布不均导致不平等现象，强调建立覆盖公众全生命周期的数字能力培养计划，如公民在幼儿期，政府向父母及直系亲属提供用于幼儿探索与测试的数字化工具，在教育与就业领域提供数字技能发展项目等。亚洲地区，韩国2023 年发布《创建安全、包容的数字社会》，以增进老年人、残障人士和其他人的数字素养。韩国政府计划通过扩大数字教育培训，普及信息通信技术应用服务设备来增强社会弱势群体在数字时代的生存能力，确保每一个人都能享受数字技术带来的好处①。这些国家的相关举措可以在一定程度上给我国政策制定提供参考。

　　当然，政府的相关扶持政策还要与市场机制作用的充分发

---

① 中国信息通信研究院：《全球数字经济白皮书（2023 年）》，2024 年 1 月，第 12 页。

挥有效结合。2024 年 7 月 18 日中国共产党第二十届中央委员会第三次全体会议通过的《中共中央关于进一步全面深化改革推进中国式现代化的决定》就指出：高水平社会主义市场经济体制是中国式现代化的重要保障。必须更好发挥市场机制作用，创造更加公平、更有活力的市场环境，实现资源配置效率最优化和效益最大化，既"放得活"又"管得住"，更好维护市场秩序、弥补市场失灵，畅通国民经济循环，激发全社会内生动力和创新活力。

第七章

河北省装备制造业、新基建现状与问题

新基建和产业数字化转型都是数字经济的主要组成部分，在河北省也是如此。装备制造业是河北省主要支柱产业之一，而河北省新基建对装备制造业的数字化转型同样具有重要的促进作用。河北省工业和信息化厅制定的《河北省制造业数字化转型专项行动方案（2023—2027 年)》中为推动河北省制造业数字化转型而规划的第一项重点任务就是加快制造业数字化转型基础设施建设，具体包括完善工业互联网网络体系，健全工业互联网平台体系，提升工业信息安全保障能力等①。

第一节　河北省装备制造业发展现状

一、装备制造业已成为河北省主要支柱产业

河北省围绕构建现代产业体系，持续加强顶层设计，着力完善政策支持体系，推动先进钢铁、绿色化工、健康食品、现

---

① 河北省工业和信息化厅：《河北省制造业数字化转型专项行动方案（2023—2027 年)》。

代轻纺等四个传统产业不断做优做强，高端装备、新材料、新一代信息技术、生物医药、新能源等五个新兴产业加快壮大，九大主导产业基本占到全省工业总量的八成以上，形成了河北省工业的四梁八柱①。河北省工业和信息化厅数据显示，2023年河北装备制造业规模以上工业增加值同比增长8.5%，营业收入1.14万亿元，连续三年突破万亿元大关。河北省装备制造行业协会会长陈建民说：截至2023年底，河北省装备制造业有规模以上工业企业6640家，用工人数75万人，总营收比重占全省制造业的22%。全省装备制造行业在快速发展中积极向数字化、智能化转型，成为"两化"融合的生力军②。

二、河北省装备制造业近年一直保持较快增长

近些年来，装备制造业已成为河北省主要支柱产业之一，且发展势头较好。河北省工业和信息化厅发布的数据显示，2021年河北省装备制造业的营业收入突破万亿，成为继钢铁产业后第二个万亿级产业；2018年至2022年间，河北省装备制造业的增加值年均增长5.2%；2022年河北省装备制造业的营业收入也达到了11424.1亿元③。2023年上半年，河北省装备制造

---

① 《河北省政府新闻办"2024年上半年河北省工业经济发展情况"新闻发布会文字实录》，http://www.hebei.gov.cn/columns/6b529089-3c22-40ef-8d24-fda72cb33bf5/202408/01/c17bef52-53d8-44f2-87f5-22b860e83db1.html。

② 袁立朋：《河北装备制造：向智升级　向新迈进》，《河北经济日报》2024年4月16日，第1版。

③ 林福盛、付兆飒：《2022年河北省装备制造业营业收入达到11424.1亿元》，http://he.people.com.cn/n2/2023/0308/c192235-40328542.html。

业增加值增长 8.6%，比全部规模以上工业快 1.4 个百分点①。
2024 年 1 至 5 月，河北省装备制造业增加值同比增长 13.8%，
增速快于全省规模以上工业平均水平 6.6 个百分点。而且，近
年来河北省装备制造业也一直注重高质量发展。河北省工业和
信息化厅装备工业处处长刘志洲表示，2024 年以来，河北省科
技创新持续赋能高质量发展，并出台了大规模设备更新和消费
品以旧换新政策，装备制造业高质量发展态势明显，为河北省
加快推进新型工业化、促进工业经济平稳增长发挥了重要的推
动作用②。2023 年以来，河北省先后印发了《支持新能源汽车
高质量发展的若干措施》《支持机器人产业发展若干措施》，制
定了《关于加快推动清洁能源装备产业发展的实施方案》《关
于推动铸造和锻压行业高质量发展的若干措施》等系列政策，
助力装备制造业实现发展跃升③。

三、河北省装备制造业已成为工业增长第一引擎

河北省装备制造业成为 2024 年工业增长的第一引擎。2024
年以来，河北省装备制造业对全省工业支撑作用明显提升，规
模以上工业增加值占比逐月提高。2024 年 1—6 月份，装备制造
业增加值同比增长 14.4%，增速快于全省平均水平 6.8 个百分
点。2024 年 1—5 月份，营业收入 4519.1 亿元，同比增长

---

① 大河财立方：《河北省上半年 GDP 为 20778.9 亿元　同比增长 6.1%》，https://
finance. eastmoney. com/a/202307182784113741. html。
② 杨光笑：《1 至 5 月河北省装备制造业增加值同比增长 13.8%》，https://baijiahao.
baidu. com/s?id =1803339522651636036&wfr =spider&for =pc。
③ 袁立朋：《河北装备制造：向智升级　向新迈进》，《河北经济日报》2024 年 4 月 16
日，第 1 版。

7.8%，占全省规模以上工业企业营业收入的 21.4%；利润总额 128.9 亿元，同比增长 12.4%，比全省工业高 12.6 个百分点。2024 年上半年，河北省九大主导产业中高端装备、新一代信息技术、绿色化工、新材料增长较快，累计拉动增长 4.5 个百分点。其中，高端装备制造在汽车制造、轨道交通装备带动下，继续发挥"主引擎"作用，1—6 月增加值增长 14.4%，对全省工业增长的贡献率 34.5%。新一代信息技术产业随着国内消费类电子产品市场回暖，带动集成电路、新型显示等细分行业快速增长，增加值增长 14.8%。河北省高端装备产业发挥"主引擎"作用，主要得益于汽车制造、轨道交通装备业分别增长 29.6%、31.4%，整车龙头企业张家口吉利、石家庄奇瑞新能源车实现量产，长城、长安导入高价值畅销车型，带动全省汽车产量增长 24.4%，其中新能源汽车 16.6 万辆，比上一年增加 4 万辆。中车唐车动车组产量 104 辆，河北京车中标北京地铁平谷线，带动轨道交通装备业增长三成以上①。河北省工信厅装备工业处处长刘志洲说："装备制造业是工业的核心部分，承担着带动相关产业发展的重要任务，其发展水平是综合国力的重要体现。"向新提质、更上层楼，是河北省装备产业发展的总体势头；2024 年 1—2 月份，河北装备制造业工业增加值同比增长 14.1%，其中汽车制造业工业增加值同比增长 42.6%；工业投资占全省比重 28.1%，技改投资占全省比重 32.4%，对全省技

---

① 《河北省政府新闻办"2024 年上半年河北省工业经济发展情况"新闻发布会文字实录》，http://www.hebei.gov.cn/columns/6b529089-3c22-40ef-8d24-fda72cb33bf5/202408/01/c17bef52-53d8-44f2-87f5-22b860e83db1.html。

改投资拉动指数贡献率 34.4%[①]。

四、河北装备制造业对外循环有重要促进作用

河北省地处环渤海区域，是"一带"和"一路"在渤海湾衔接的节点地区。钢铁、建材、装备制造、光伏等行业，与"一带一路"共建国家的发展需求互补性较强，合作潜力巨大，为装备制造业提供了更广阔的市场，并可推动河北省装备制造业的持续发展和产业升级。随着"一带一路"倡议的深入开展，共建国家的能源设施建设、电网建设、铁路交通建设进程不断加快，河北省的优势装备产业主要是大型输变电设备、风电设备、动车组、汽车制造、工程机械，可以充分满足基建规模扩张对装备制造业的需求[②]。河北省许多装备制造业领域存在着大量的过剩产能，生产要素价格上升，同时在这些领域具有一些世界水平的技术和产品设备，与"一带一路"许多共建国家相关产业的发展需求契合度较高[③]。

---

① 袁立朋：《河北装备制造：向智升级　向新迈进》，《河北经济日报》2024 年 4 月 16日，第 1 版。

② 冯香入、张国梅：《河北省装备制造业国际产能合作研究》，《合作经济与科技》2021 年第 3 期，第 26—27 页。

③ 冯香入、张国梅：《河北省装备制造业国际产能合作困境与对策》，《合作经济与科技》2021 年第 6 期，第 88—89 页。

第二节　河北省装备制造业
数字化转型现状与目标

一、河北省装备制造业数字化转型现状

（一）河北省装备制造业的数字化转型持续推进

2024 年以来，河北省聚焦市场需求导向和前沿技术引领，优存量、扩增量、提质量，持续推进装备制造业高端化、智能化、绿色化发展，加快发展新质生产力。这里看河北省装备制造业企业数字化转型的几个例子。第一个例子来自河北唐山，在中车唐山机车车辆有限公司关键零部件数字化智能车间，机器人代替了大部分人工，实现了降本增效。数智化工艺的标准化，还让端墙焊缝一次交检合格率由原来的 45% 提升至 98% 以上。后两个例子来自河北保定，保定市立中车轮制造有限公司采用"5G +工业互联网智能制造"方案后，厂区的备件物料周转成本下降了 80%，产线综合生产效率提升了 25.7%。通过搭载车载信息娱乐终端总成，河北长安汽车有限公司生产的智能网联汽车拥有每秒 2 万亿次算力的"最强大脑"[①]。在智能化转型方面，河北省持续推进"十万企业上云"，上云企业超过 9.6 万家，企业工业设备上云率连续三年全国第一。同时，河北省加快京津冀工业互联网协同发展示范区、"工业互联网 +安全生

---

① 杨光笑：《1 至 5 月河北省装备制造业增加值同比增长 13.8%》，https://baijiahao. baidu. com/s?id =1803339522651636036&wfr =spider&for =pc。

产"试点建设，工业信息安全指数排名全国第一[①]。

（二）河北省两化融合发展水平现状

两化融合发展水平是制造业数字化转型的一个主要指标。2021 年河北省两化融合发展水平指数已达到 54.7，同比增长 3.2%，位列全国第 12 位，居全国第二梯队前列；关键环节指数明显提升，全省关键工序数控化率（反映企业生产设备数字化状况的关键指标）2021 年达到了 58.2%，连续 6 年高于全国平均水平 3 个百分点以上，居全国第 3 位[②]。2022 年河北省两化融合发展水平指数进一步上升到 57.2，仍保持在全国第二梯队前列；2022 年河北省关键工序数控化率、数字化生产设备联网率分别达到了 61.5% 和 46.3%，实现智能化生产的企业比例达到了 7.6%，均高于全国平均水平[③]。河北省装备制造业 2021 年的两化融合发展水平为 53.3，低于全省平均水平，也低于同属河北省重点行业的冶金、电子信息、石化、食品、建材等行业，但其数字化研发设计工具普及率达到了 86.2%，高于全省平均水平 18.1 个百分点，在全省重点行业中排名第一[④]。

（三）数字基础设施融合应用成绩显著

河北省致力于加快工业互联网重点项目培育。"十四五"

---

① 《河北省政府新闻办"2024 年上半年河北省工业经济发展情况"新闻发布会文字实录》，http://www. hebei. gov. cn/columns/6b529089-3c22-40ef-8d24-fda72cb33bf5/202408/01/c17bef52-53d8-44f2-87f5-22b860e83db1. html。

② 米彦泽：《全国第 12！2021 年河北省两化融合发展水平指数达 54.7》，https://hebei. hebnews. cn/2022-06/09/content_ 8810296. htm。

③ 郝东伟：《河北 2022 年两化融合发展水平指数达 57.2》，https://hebei. hebnews. cn/2023-09/06/content_ 9065002. htm。

④ 米彦泽：《我省八大工业重点行业两化融合水平稳步提升》，《河北日报》2022 年 6 月 15 日，第 2 版。

以来，全省培育省级工业互联网创新发展重点项目 831 个，总投资额超 171 亿元，覆盖河北省九大工业主导产业，支持工业互联网创新发展试点项目 200 个，省级财政资金累计支持资金超 1.14 亿元，遴选工业互联网标杆示范案例 84 个。截至 2023 年 6 月底，河北省关键工序数控化率达到 62%，居全国第四。深入推进"十万企业上云"，河北省被工信部认定为全国唯一一个设备上云与设备数字化管理能力贯标试点省。

（四）河北省制造业数字化转型存在的主要问题

总体来看，包括装备制造业在内的河北省制造业的数字化水平仍有待提高。河北省人民政府 2020 年发布的《河北省数字经济发展规划（2020—2025 年）》中对河北省制造业数字化转型方面的主要问题进行了较系统的分析。该规划指出，河北省制造业数字化水平仍较低。制造业企业信息化建设主要集中在自动化生产线改造、财务、办公、采购、销售等单项应用，处于集成提升阶段以上的企业比例仅为 12.6%。工业各行业信息化程度参差不齐，离散制造业信息化水平明显低于流程制造业。多数中小企业数字化改造动力不足，生产环节的数字化、网络化、智能化程度较低①。

二、河北省装备制造业数字化转型目标

数字经济时代，传统产业的数字化转型是一个必然的趋势，河北省装备制造业近年来也开始积极推进数字化转型。对于河

---

① 河北省人民政府：《河北省数字经济发展规划（2020—2025 年）》，http://www.hebei. gov.cn/columns/662bb692-7b21-443d-9cd9-067552e4409a/202308/15/5fad6633-c08f-4d76- 894c-cd1982b2760f.html。

北省包括装备制造业在内的制造业数字化转型的具体目标，河北省工业和信息化厅制定的《河北省制造业数字化转型专项行动方案（2023—2027 年）》中有比较具体的阐述。这一行动方案中提到了以下具体目标：到 2025 年，河北省争取在大数据、云计算、人工智能等新一代信息技术和制造业深度融合方面取得明显成效，全省两化融合水平力争进入全国第一梯队，"1 + 21"工业互联网平台体系初步建成，各类工业互联网平台达到 400 个，重点行业企业智能制造水平大幅提高，工业企业关键工序数控化率达到 63%，软件和信息技术服务业主营业务收入超 800 亿元，数字化成为企业转型升级的重要支撑。到 2027 年，新一代信息技术和制造业融合更加深入，全省两化融合水平巩固稳定在全国第一梯队，新模式新业态广泛应用，企业数字化、网络化、智能化水平全面提高，软件和信息技术服务业主营业务收入突破 1000 亿元，智能化成为传统产业改造提升和工业经济高质量发展的重要引擎。具体到装备制造业，该行动方案提出，引导高端装备行业向智能化跃升。以解决装备创新能力弱、基础制造工艺落后、产品智能化水平和附加值低、产品维护服务成本高等问题为重点，推动保定、沧州、张家口先进汽车制造、秦皇岛汽车零部件、唐山轨道交通装备和机器人、张家口冰雪装备等企业生产装备、产线智能化建设，加快工业机器人等智能装备的普及应用，强化数据采集和系统集成，提升企业生产管控能力。鼓励建设跨领域协同研发设计平台，发展众包设计、用户参与设计、大规模个性化定制等新型研发设计模式，缩短研发周期，提升产品品质。提升产品数字化、智能化水平，利用工业互联网的设备连接和智能管控优势，推广远程诊断、在线维护、设备租赁和抵押担保等服务新模式，延伸企业价值链，降低维护成本，提高产品附加值。

河北省制造强省建设领导小组 2024 年 6 月 4 日也印发了《河北省加快制造业技术改造升级行动方案》，顺应制造业高端化、智能化、绿色化转型方向，组织实施以新一轮大规模设备更新为重要抓手的软、硬件一体化改造升级行动。该行动方案提出的具体目标为：到 2027 年，工业领域设备投资规模较 2023 年增长 25%；规模以上工业企业数字化改造全覆盖，规模以上工业企业数字化研发设计工具普及率、关键工序数控化率分别超过 90%、78%；重点领域能效达到基准水平以上、主要用能设备基本达到节能水平。该方案强调，实施数字化转型行动，推广应用智能制造装备是关键。该行动方案提出，以生产作业、质量管控等环节为重点，推动数控机床、工业机器人等通用智能制造装备更新；支持企业对"哑设备"实施数字化改造，提升核心装备和关键工序的数字化水平，加快建设智能工厂①。

第三节　河北省数字经济与新基建发展现状

一、河北省数字经济发展现状

（一）河北数字经济发展势头较好

工业和信息化部电子第五研究所于 2023 年 8 月发布了《中

---

① 米彦泽：《到 2027 年河北省规模以上工业企业数字化改造全覆盖》，http://www.hebgcdy.com/hbyw/system/2024/06/06/030784378.shtml。

国数字经济发展指数报告（2023）》。该研究所在 2022 年指数报告的基础上，结合数字经济发展的新形势、新特点，增加要素、盈利、资本等指标，完善面向区域、产业、企业的研究框架，从发展基础、发展要素、发展能力、发展动力和发展应用五个核心维度，构建了《中国数字经济发展指数 2023》。该指数作为全面展现我国数字经济发展的"全景图"和"风向标"，为各地数字经济发展提供方向指引，为中国数字经济发展赋能添力。该报告通过构造数字经济发展指数对我国各省份的数字经济发展水平进行了评估，把各省（区、市）分成了三个梯队，第一梯队：北京、广东、上海、江苏、浙江、山东、四川、天津、福建、湖北；第二梯队：河南、重庆、河北、贵州、江西、安徽、湖南、辽宁、山西、广西、云南、陕西；第三梯队：内蒙古、新疆、黑龙江、吉林、甘肃、海南、青海、宁夏、西藏。

从该研究报告可看出以下特征：

1. 河北省数字经济发展已达到一定水平

按该报告的评估方法，河北省数字经济发展水平排在全国第 13 位，位于第二梯队比较靠前的位置。

2. 河北省数字经济对国民经济发展的促进作用比较明显

该报告绘制了数字经济发展指数与地区 GDP 的正相关拟合线，发现河北省数字经济指数值与本地 GDP 对应点处于正相关线之上，这说明河北省数字经济发展指数与地区综合经济实力具有高度正相关性，数字经济对于促进地区经济发展的驱动能力强劲。

3. 河北省数字经济发展潜力较大，但基础尚需进一步巩固

该研究报告基于各地区数字经济发展指数，叠加分析了

2022年区域数字经济上市公司的利润率，将各省（区、市）分成了四种类型。第一种：引领型。位于第一梯队的地区均处于该区间。这类省份（区、市）在数字经济整体发展和企业利润方面平衡较好，企业利润率大多处于中等水平。第二种：前瞻型。数字经济发展指数第二梯队分值靠前的重庆和河北处于该区间。这类省份（区、市）追求数字经济整体发展，但支撑实力不稳定，利润率为负。第三种：谨慎型。山西、新疆、贵州等地处于该区间。这类省份（区、市）企业利润率水平相对较好，但整个地区数字经济发展水平在全国平均水平以下。第四种：保守型。广西、黑龙江等地处于该区间。这类省份（区、市）数字经济整体发展和企业盈利方面尚落后于其他地区。

（二）河北省数字经济发展水平有较大发展空间

数字化转型和新基建都是数字经济的重要组成部分，这里我们对比一下全国和河北省数字经济的发展状况。中国信息通信研究院发布的《中国数字经济发展研究报告（2023）》显示，2022年我国数字经济占GDP比重已达到41.5%，这一比重已相当于第二产业占国民经济的比重[1]。再来看河北省的情况，一项数据显示，2022年河北省数字经济的规模也已达1.51万亿元，占GDP的比重达到了35.6%；数字经济的引领作用不断增强，日益成为河北省经济增长的主引擎[2]。尽管可能存在着统计口径

---

① 中国信息通信研究院：《中国数字经济发展研究报告（2023）》，2023年4月，前言。

② 方素菊：《加快建设数据驱动、智能融合的数字河北！河北数字经济规模达1.51万亿元》，https://baijiahao.baidu.com/s?id=1773792176243257186&wfr=spider-&for=pc。

差异等因素的影响，但从这里可以大致看出，河北省数字经济的发展水平目前仍可能低于全国平均水平，还有较大的发展空间。另一项研究也得出了大致类似的结论，但认为河北省在数字经济方面与全国平均水平的差距更小。国家工业信息安全发展研究中心 2023 年 7 月发布了名为《全国数字经济发展指数DEAI（2022）》的研究报告。该报告以数字产业化、产业数字化、数字化治理三个方面为分析视角构建了"数字经济发展指数"（Digital Economy Advancement Index，DEAI）指标体系，对我国整体及 31 个省（区、市）的数字经济发展水平进行了分析评价。从该报告可看出，河北省数字经济发展水平在全国排名第 12 位，得分 131.4，略低于 132.3 的全国均值，与头部梯队的北京、广东、浙江、上海和江苏等省市的差距仍比较明显。

二、河北省新基建现状

从发改委的相关界定可看出，新型基础设施的主要功能之一就是为数字转型服务。从近年的有关数据看，河北省新基建的发展势头较好。2022 年河北省在 5G、工业互联网、数据中心等新基建领域已取得不少新成绩。《2022 年度河北省信息通信行业发展报告》也显示，河北省信息通信基础设施水平已居全国前列[①]。

（一）数字基础设施发展现状

2023 年以来全省新建 5G 基站 7.1 万个、累计达 16.4 万个，

---

① 康宁、张荣鹏：《全省信息通信基础设施水平居全国前列》，《河北经济日报》2023年 5 月 18 日，第 3 版。

全国排名跃升至第六位；5G 应用进入规模化发展阶段，新建 5G 行业虚拟专网 218 个、累计达 784 个；张家口市、雄安新区 获评全国"千兆城市"，两地国际互联网数据专用通道建成投 用；物联网终端用户数累计达 7971.8 万户；全省标识解析二级 节点上线 6 家。全省新投运标准机柜 13.4 万架、累计达到 66 万架，算 力 总 规 模 约 14.95EFlops（全国算力总规模 197EFlops），张家口数据中心集群建成，规模居全国 10 个集群 首位①。

（二）工业互联网基础设施发展现状

河北省加快构建"1+21"工业互联网平台体系，上线河北 省工业互联网公共服务平台，培育省级工业互联网平台 17 个， 雄安联通"中国联通格物 Unilink 工业互联网平台"、河钢数字 "WeShyper 工业互联网平台"入选 2023 年国家"双跨"平台名 单，数量排名全国第一，阿里、浪潮等一批国家"双跨"平台 在河北签约落地。截至 2023 年底，全省累计培育各级各类工业 互联网平台 329 个，连接工业设备 1034 万台（套），服务企业 14.3 万家。2022 年河北省工业互联网平台发展指数位居全国 第六②。

（三）工业互联网应用推广现状

我国工业互联网应用推广指数稳定增长，由"全面探索" 转向"场景推广、链式转型"。工业互联网应用推广指数从

---

① 河北省发展和改革委员会：《做强做优做大数字经济 加快建设数字河北》，http://
www.hebgcdy.com/tj/system/2024/01/10/030748369.shtml。

② 焦洁、李江月：《推动数字新基建 河北在这些领域拿第一》，https://www.hebtv.
com/0/0rmhlm/qy/zhb/tjdt/11329435.shtml。

2020 年的 100 上涨至 2023 的 182，较 2022 年增速放缓，但仍保持稳步提升态势，表明我国工业互联网应用推广已经历充足的探索试错过程，下一步将展开确定场景的复制推广和更深入精准的模式创新。分地区看，江苏、山东、广东、浙江、北京、江西、安徽、河北、四川、湖北等地区应用推广指数位居全国前十，依靠工业场景丰富优势，打造了众多工业互联网应用标杆，推广普及范围渠道广，应用创新水平高，展现出显著的应用创新成效①。

（四）综合发展现状

河北省的信息基础设施发展相对较好，位于全国前列，但融合基础设施和创新基础设施的发展还有待加力。不过，在这三个指标中，信息基础设施是新型基础设施的核心，也是与企业数字化转型关系更为密切的一类新型基础设施，所以总体来看，河北省新基建的发展水平还是比较高的，位于全国前列。

三、河北省新基建的近期目标

河北省工业和信息化厅制定的《河北省制造业数字化转型专项行动方案（2023—2027 年)》中为推动河北省制造业数字化转型而规划的第一项重点任务就是加快制造业数字化转型基础设施建设。具体任务包括：

1. 完善工业互联网网络体系

加强网络基础设施建设，鼓励基础电信企业完善宽带网络

---

① 中国信息通信研究院：《中国工业互联网发展成效评估报告（2024 年)》，2024 年 6 月，第 23 页。

基础设施，实现重点园区和产业集群 5G、千兆光纤网络双覆盖，加快 5G、6G、卫星互联网、云网融合、确定性网络、IPv6 分段路由（SRv6）等新型网络技术在企业内外网的应用。开展"5G＋工业互联网"规模化应用，建设"工业互联网＋园区"试点，支持工业企业建设 5G 全连接工厂，推动 5G 应用从外围辅助环节向核心生产环节渗透。强化对工业互联网标识解析体系建设的管理，鼓励建设一批行业、区域的标识解析二级节点，深化标识在设计、生产、服务等环节的应用，促进跨企业数据交换，提升产品全生命周期管理和质量追溯水平。

2. 健全工业互联网平台体系

支持行业龙头企业搭建企业级工业互联网平台，支撑企业全流程信息共享和业务协同。围绕工业主导产业需求，培育一批行业级、区域级工业互联网平台，为企业提供研发设计、设备联网、生产管控、能源管理、检验检测、供应链对接、产业金融等公共服务，促进制造资源优化配置。支持有条件的省内平台争创国家跨行业跨领域工业互联网平台，积极推动国家跨行业跨领域工业互联网平台在河北布局。打造"1+21"工业互联网平台体系，建设河北省工业互联网公共服务平台，综合展示全省工业互联网运行数据，为政府管理决策提供科学依据和有力支撑。

3. 提升工业信息安全保障能力

建设完善省级工业互联网安全态势感知平台，建立全省监测预警、信息通报和应急处置等机制。深化网络安全风险评估和安全能力建设，扎实做好网络设施安全、应用系统安全、数据安全等重点工作。构建省、市两级的工业控制系统信息安全应急预案体系，加强应急队伍建设和应急资源储备，定期开展应急演练，提高全省工控安全应急处置能力。落实企业主体责任，强化日常监督管理，建立长效管理机制。支持石家庄、秦皇岛、唐山等市工业信息安全产业发展。

第四节　河北省新基建在国内的比较分析

一、河北省新基建成绩突出

2024 年 5 月 17 日是世界电信和信息社会日。河北省政府新闻办当日举办了河北省信息通信行业和互联网发展情况新闻发布会。在该次会议上，河北省通信管理局对外发布了《2023 年度河北省信息通信行业发展报告》和《2023 年度河北省互联网发展报告》。这两份报告都显示目前河北省新基建已发展到了一个较高的水平。《2023 年度河北省信息通信行业发展报告》显示，2023 年河北省信息通信基础设施完善程度和网络供给能力持续提升。全年全行业完成固定资产投资 183.8 亿元，居全国第六位；全省光缆线路总长度达到 272.9 万公里；移动基站数达到 55.1 万个；互联网宽带接入端口达到 5480.5 万个；互联网省际出口带宽达到 8.3 万 G。河北省信息通信用户规模稳居全国前列。全省电话用户总数达到 9366.3 万户，居全国第七位。其中，移动电话用户 8779.5 万户，5G 用户呈现快速增长态势，累计达到 3941.2 万户。（固定）互联网宽带接入用户数达到 3179.7 万户，移动互联网用户数达到 7849.2 万户。融合业务为创新发展添活力。全省 IPTV（网络电视）用户总数达到

1895.4 万户，居全国第七位；全省物联网终端用户数达到 8844.0 万户，居全国第八位。而且，2023 年河北省信息通信行业在服务重大国家战略中也不断彰显新担当。河北省全力服务京津冀协同发展，不断优化网络布局，积极推动京津冀三地网络互联、信息互通、资源共享。大力支持全国一体化算力网络京津冀国家枢纽节点建设，张家口数据中心集群已建规模位居全国十大集群前列。高质高效建成雄安新区国际互联网数据专用通道，为疏解到雄安新区的各类企事业单位提供优质高效的通信服务。在推进新型工业化、促进数实深度融合方面，河北省信息通信行业加快"双千兆"建设步伐。此外，河北省信息通信行业坚持"引智入冀"与"河北创新"双轮驱动，先后开展122场次工业互联网一体化进园区宣传推介活动，持续推动全省全工业门类数字化示范标杆建设全覆盖。《2023 年度河北省互联网发展报告》也显示，2023 年河北省固定、移动互联网接入用户数量持续攀升，手机上网越来越普及，网民的分布更趋向年轻化、城镇化、高学历化。互联网应用范围越来越广，已成为信息渠道、社交平台、文化生活的重要载体。互联网行业在持续赋能全省经济社会发展中发挥了积极作用[①]。而且，河北新基建发展潜力巨大，发展势头良好。河北省信息通信行业坚持高质量发展，主要指标连续多年位列全国第一方阵。

---

① 方素菊：《突破 8 万个！河北省 5G 基站新建量全国居首》，http://www.hebei.gov. cn/columns/580d0301-2e0b-4152-9dd1-7d7f4e0f4980/202405/18/610f40d9-bcab-48ed- b6db-92736722438f.html。

二、国内省份间新基建竞争形势严峻

也有一份相关研究显示，近年来河北省新基建和新基建的核心（信息基础设施）在全国的排名都在下降。尽管可能存在统计分析口径和数据等方面的偏差，但这也显示了国内省份间新基建领域竞争的严峻性，所以河北省还需要保持必要的新基建增长速度，提高增长质量。

（一）《中国新型基础设施竞争力指数报告》简介

清华大学互联网产业研究院从 2020 年起每年都发布一份中国新基建竞争力指数报告，从这几份连续且可比较的报告中可看出河北省新基建近年发展的一些特征。2020 年 3 月，清华大学互联网产业研究院与福建省经济信息中心联合发布了《中国新基建竞争力指数白皮书（2020）》，这是国内第一份量化评价我国新基建整体发展现状和地方发展差异的报告。报告中构建的"中国新基建竞争力指数"基本覆盖了 2020 年 4 月 20 日国家发展和改革委员会提出的新型基础设施内容的前两个方面，即信息基础设施和融合基础设施，受到了行业内的广泛关注。2021 年，在山西省发展和改革委员会的大力支持下，清华大学互联网产业研究院继续进行"中国新型基础设施竞争力指数"研究，发布了《中国新型基础设施竞争力指数报告（2021）》，该报告更全面、更科学地描述了我国新型基础设施竞争力的情况。2022 年 9 月 27 日，在河南省发展和改革委员会的大力支持下，《中国新型基础设施竞争力指数报告（2022）》在"2022 数字经济峰会暨新基建创新发展大会"上隆重发布，这是清华大学互联网产业研究院连续第三年发布新型基础设施竞争力指数。

这次报告首次从时间维度对新型基础设施竞争力指数的三年结果进行了分析，以期为各级政府推动新型基础设施建设提供重要参考依据，也为从事新基建行业的企业提供必要的信息借鉴。2023年，《中国新型基础设施竞争力指数报告（2023）》发布，这是此系列研究的第四份报告。在这份报告中，课题组结合近年来各地发布的新基建规划以及各领域的新态势，对原有指标体系进行完善，构建了中国新型基础设施竞争力指数（2023）的评价指标体系。与2022年的指数相比，2023年的评价体系在一级指标和二级指标方面并无变化，在三级指标方面引入了新的指标，力求更全面反映地区新型基础设施建设的成果。

（二）该系列报告对河北省新基建的评价

1. 河北省新基建发展现状

该系列报告中的一个报告，即《中国新型基础设施竞争力指数（2023）》的评价结果显示，2022年31个省（区、市）新型基础设施竞争力指数的平均分为77.08分，中位数为75.93分，有14个省（区、市）的得分超过平均分。而河北省的新基建指数为78.78，恰好位于第14位，也就是平均分之上的最后一个省份。

该报告把全国31个省（区、市）分成了四个梯队。第一梯队为北京市、广东省、江苏省、上海市、浙江省和山东省，共6个省（市），均位于东部地区，其中北京市以90.61分继续位列第一，此梯队平均分为87.75分。第二梯队为四川省、河南省、天津市、湖北省、安徽省、福建省、重庆市和河北省，共8个省（市），较多分布在东部地区和中部地区，其中天津市进步明显。第二梯队的省（市）得分差距较小，该梯队平均分为

80.22 分。可见，从梯队划分来看，河北省位于第二梯队的最后一位。

不过，这只是该报告中新基建的总指数。在新基建的三个子指数中最主要，也是与传统产业数字化转型关系最为密切的是信息基础设施指数。而这一指数的排名河北省明显前移了。各省（区、市）在信息基础设施指标上的平均分为 75.29 分。北京市在信息基础设施领域继续排名第一位，得分超过 90 分，为 90.96 分；天津市、重庆市、河北省和贵州省在信息基础设施一级指标的得分较为突出，均超出了平均分，且排名好于总指数的排名。该指数河北省得分为 77.19，位列第 10 名。

2. 近几年河北省新基建部分指标的发展速度相对略显落后

《中国新型基础设施竞争力指数报告》系列报告已连续四年发布，其中 2021 年、2022 年和 2023 年的指标评价体系变化相对较小，因此 2021 年、2022 年和 2023 年的评价结果可以进行简单对比。从三年的比较结果看，河北省新基建指数的排名处于持续下降状态，2021 年的排名为第 12 位，2022 年降为第 13 名（与天津市并列），2023 年则降为第 14 名。

这里我们来看一下上一年比较具体的情况。同样是清华大学互联网产业研究院发布的《中国新基建竞争力指数报告 (2022)》显示，整体来看，31 个省（区、市）的整体平均分为 77.27，中位数为 75.44，有 14 个省（区、市）高于该平均分。河北省的得分为 79.62，排名第 13 位（与天津市并列），居于第二梯队。第一梯队为北京市、广东省、江苏省、浙江省、上海市和山东省，其中北京市以 90.37 分位列第一。梯队平均分为 88.21 分。第二梯队为湖北省、四川省、河南省、重庆市、福建省、安徽省、天津市和河北省，这些地区间的得分差距较小，该梯队平均分为 80.65 分，但河北省和天津市并列为第二梯队的最后一名。但从具体子指数来看，与新基建关系最密切的信息基础设施河北省的得分为 80.21，排名第 8 位，优于总指数的排名。

三、河北省新基建水平仍有待提高

总体来看，相对于未来一段时期河北省装备制造业等传统产业数字化转型的需要而言，河北省新基建的水平仍有待进一步提高。这里以新基建中与装备制造业数字化转型关系最为密切的工业互联网为例来说明。

中国信息通信研究院所发布的一份名为《中国工业互联网发展成效评估报告（2024 年）》的研究报告显示，近年来我国工业互联网产业发展指数增长提速，产业从旧到新、从小到大、从弱到强迈进。2023 年，我国工业互联网产业发展指数为 216，较 2022 年增长 31.7%，产业从起步到具备一定的规模优势，已基本实现体量倍增、质量飞跃、结构优化。其中，产业结构优化提升明显，随着大中小企业快速涌现，成为产业发展的重要推动力。但是分地区来看，广东、北京、江苏、山东、浙江、上海、四川、安徽、湖北、福建等地区的工业互联网产业发展指数领先，位居全国前十，而河北省则未能进入前十名。广东、北京等位居前十位的省市立足于深厚的工业基础，培育出了一批优质工业互联网服务商，产业规模不断壮大，产业结构持续优化，正加快向全国其他地区输送高质量产品和服务，值得河北省借鉴。

该报告的研究结果显示，我国31个省级行政区各具特色，形成了四大发展梯队。该研究报告依据基础能力、技术创新、产业发展、应用推广和发展环境五个维度的综合评估发现，我国31个省（区、市）总体呈现特色化、差异化的发展态势，形成示范引领、快速崛起、后发追赶和孕育起步等四个发展梯队。从研究结果看，示范引领地区总分和各分项得分均大幅领先，领先优势巨大；快速崛起和后发追赶地区数量最多、差距极小、竞争激烈，发展潜力巨大；孕育起步地区基础薄弱，处于蓄力起步状态。

以下为梯队分布的具体情况（同一梯队各地区排名不分先后）。

第一梯队：江苏、广东、北京、山东、浙江、上海。

第二梯队：四川、湖北、安徽、重庆、河北、湖南、福建、辽宁、江西、河南、天津。

第三梯队：山西、贵州、广西、陕西、甘肃、内蒙古、吉林、宁夏、黑龙江、云南。

第四梯队：海南、新疆、青海、西藏。

从区域分布看，"东强西弱"整体格局难以撼动，长江流域省份追赶势头强劲。江苏、广东、山东、浙江等东部沿海省份领先优势明显，工业互联网实力整体领先；安徽、湖北、湖南、江西等中部地区和川渝地区追赶势头强劲，成为我国工业互联网发展的中坚力量；东北及西部大多数省（区）基础薄弱，短时间内仍需夯实工业基础，适合走地方特色转型道路。

第八章

经验借鉴与河北省新基建赋能对策

近年来我国经济的显著复苏仍略显乏力，河北省也是如此。新基建和企业数字化转型都对目前河北省经济增长的恢复有重要的促进作用。装备制造业是河北省主要支柱产业之一，近年来也迫切需要进行数字化转型，而作为数字经济底座的新基建对装备制造业数字化转型有重要的影响。

第一节　国内部分省份新基建的经验

一、国内新基建发展现状：以工业互联网为例

新型基础设施中对装备制造业数字化转型影响最大的是工业互联网，所以，限于篇幅，我们这里仅以工业互联网的发展状况为例来说明。近年来我国工业互联网的发展出现了以下特征[①]：

（一）工业互联网产业已成规模

我国工业互联网产业已成规模，产业体系不断完善，主导

---

① 中国信息通信研究院：《中国工业互联网发展成效评估报告（2024 年）》，2024 年 6 月，第 20—23 页。

产业持续壮大，企业活跃度不断增强。产业规模方面，工业互联网将新一代通信技术与工业技术深度融合，通过数据驱动传统产业支撑体系变革，原有产业环节升级，新的产业环节显现，逐步形成工业数字化装备产业、工业互联自动化产业、工业互联网网络产业、工业互联网安全产业、工业互联网平台与工业软件和工业互联网其他相关服务产业等核心产业领域。据测算，2023 年我国工业互联网产业规模达 1.36 万亿元，较 2022 年增长 11%。产业活跃度方面，作为新基建的关键组成和重要的新兴产业，工业互联网持续保持稳中向好的发展势头，带动了巨大的需求和消费市场。从中标项目来看，企查查统计数据显示，2023 年工业互联网领域中标项目数量为 13229 个，约为 2022 年项目数量的 2 倍。

（二）大型服务商数量逐年增多

企查查数据显示，2023 年我国工业互联网领域大型企业数量约为 683 家，较 2022 年增加 170 家。ICT 领军企业和传统制造业龙头等不同类型的企业主体，纷纷加大工业互联网领域布局力度。ICT 企业是产业供给侧的主体，683 家大型企业中，信息传输、软件和信息技术服务业以及科学研究和技术服务业累计占比达 56%，提供智能硬件、云平台、系统、通信网络等基础设施和相关应用支持。传统制造企业占比逐年提升，在 683 家大型企业中占比为 18%，企业基于自身工业基础融合信息技术进行产品和组织的迭代创新。电力、水利、采矿、交通运输等行业也加快推进工业互联网建设，累计占比达 11%，基于自身优势提供相应数字化转型产品或解决方案，支撑工业互联网供给侧发展。

（三）中小服务商作为新生力量起到重要作用

一方面，中小服务商加速涌现。企查查数据显示，2023 年我国聚焦工业机器人、人工智能、区块链、大数据、AR/VR 等新兴技术的工业互联网企业超过 2.2 万家，其中小微型企业占比超八成。小微企业基于自身灵活的组织结构和创新的思维方式，积极探索应用场景并快速响应技术变化，有效推动了前沿技术的研发推广。另一方面，中小科技企业逐步成为创新主力军。伴随产业发展，涌现了一批细分领域具有较强专业水平和竞争能力的中小企业。企查查数据显示，2023 年工业互联网领域获得高新技术企业、科技型中小企业、专精特新"小巨人"企业、专精特新中小企业、创新型中小企业、制造业单项冠军企业、制造业单项冠军产品企业、独角兽企业、瞪羚企业、隐形冠军企业数量达 8404 家，通过深耕新一代信息技术、高端装备制造、新材料等领域的核心零部件或者关键基础材料，为国内外知名企业提供配套产品服务，成为强链补链的重要力量。

二、国内先进省份工业互联网发展的经验

中国信息通信研究院的《中国工业互联网发展成效评估报告（2024 年）》显示，在国内，江苏、广东、北京、山东、浙江、上海等 6 个地区在基础能力、技术创新、产业发展、应用推广、发展环境等方面全面发展，发挥了先进典型的示范带头作用。具体表现[1]如下：

---

[1] 中国信息通信研究院：《中国工业互联网发展成效评估报告（2024 年）》，2024 年 6 月，第 32—35 页。

（一）基础设施建设完善，超前布局成效显著

广东：大力推动新型数字基础设施建设，截至 2023 年底，累计建成 5G 基站超 32 万座，5G 网络实现城乡主要区域基本覆盖，基站数量保持全国第一，中国网络空间研究院数据显示，广东网络安全指数排名全国首位。

山东：截至 2023 年底，累计建设运营二级节点 50 个，其中 29 个成功接入国家顶级节点，标识注册量和解析量皆超 1000 亿。2023 年遴选 107 家省级工业互联网平台，11 家企业入选国家级特色专业型平台，3 家企业入选国家"双跨"平台。全省组织实施 5G "百城万站"深度覆盖，累计建成开通 5G 基站 20.2 万个，16 市全部达到国家级"千兆城市"建设标准。

江苏：重点推进标识解析体系建设，截至 2024 年 4 月，累计建成工业互联网标识解析二级节点 65 个，覆盖全省 15 个产业集群和 35 条重点产业链，累计接入标识应用的企业超 20 万家，规模以上工业企业超 1.9 万家，标识注册量超 2000 亿、解析量超 1600 亿、日均解析量超 1 亿次，各项关键指标均居全国首位。

（二）积极促进数字技术创新

北京：大力探索拥抱新技术，发布《北京市促进通用人工智能创新发展的若干措施》等政策深入细化新技术与产业的结合落地，促进数字技术与实体经济深度融合，赋能制造业数字化转型。智慧芽专利数据库数据显示，北京市 2023 年新增工业互联网相关专利超 700 个，数量居全国第一，创新成果丰硕。

广东：发布《广东省人民政府关于加快建设通用人工智能产业创新引领地的实施意见》，主动把握新一代人工智能发展重

大战略机遇，促进产业变革发展。

上海：2023年新培育工业网络系统感知与控制等省级重点实验室15家，多家企业入选市级技术创新中心，充分发挥技术创新主体作用，提升创新能力，推广可落地的高新工业品。

（三）工业互联网企业实力较雄厚

北京：工业互联网供给侧资源全国领先，北京的工业互联网平台数量、接入资源量以及国家级智能制造系统方案供应商数量均排名全国前列。截至2023年10月，北京软件与信息服务产业国家级专精特新企业累计达388家。

江苏：拥有全国最多的工业互联网科技型企业，企查查数据显示，截至2023年底，江苏省工业互联网领域专精特新"小巨人"、独角兽、瞪羚等企业数量累计超过1000家。全省加快建设省服务资源池，汇聚智能制造服务机构、工业互联网平台企业和解决方案提供商，提升工业互联网产业服务能力和水平。

浙江：持续加大"招大引强"力度，打造升级工业互联网服务资源池，汇聚优质服务商，培育工业互联网相关企业超1.5万家，同时组织开展省级工业互联网平台创建工作，遴选2023年度省级工业互联网平台49个，孵化优质解决方案。

（四）政府积极推进企业数字化转型

江苏：突出分级示范引领，"智改数转网联"步伐加快。聚焦龙头企业，2023年江苏省新创建国家级"数字领航"企业5家（累计8家）、智能制造示范工厂20家（累计32家），新培育省级智能制造示范工厂、工业互联网标杆工厂、5G工厂共273家（累计646家）；聚焦中小企业，2023年新培育省级智能制造示范车间501个（累计2480个）、省级星级上云企业7009

家，带动中小企业上云超 40 万家。

上海：开展"工业数字化场景培育计划"，以场景培育和供需对接为着力点常态化推动，包括上海电气等超 40 余家工业企业需求方参与推进，助力企业打造工业互联网新模式新应用。

浙江：以点带面形成示范效应，截至 2023 年底，累计培育省级工业互联网平台 535 家，省级未来工厂、智能工厂（数字化车间）653 家，遴选出 2023 年省级 5G 全连接工厂 30 个，推动全省工业高质量转型。

（五）数字化人才培育全国领先，人才储备较为丰富

北京：2023 年 7 月发布《北京市数字技术技能人才培养实施方案》，通过建立产学研一体化人才"订单式"培养模式，培养数字技术领军人才、提升产业工人数字技能、创新人才评价机制。在教育部产学合作协同育人计划中，北京工业互联网相关立项项目数量达 379 个，居全国首位。

山东：建立数字专员制度，持续开展"万名数字专员进企业"行动，以"顾问＋雇员"方式提供专业服务，累计培训数字专员 4600 多名，对接制造业、农业、轻工业等各类中小企业超 32 万家。

江苏：实施数字技能提升行动，围绕 30 条优势产业链，聚焦大数据、人工智能、区块链、物联网等重点领域，建设 10 个省级数字高技能人才专项实训基地，遴选推荐一批优质线上平台，推出 100 余数字技能培训课程资源，培育数字技能人才 10 万人。

三、部分同梯队省份工业互联网发展的经验

即使是与河北省处于同一梯队的省份（市），在工业互联

网的发展方面也有一些可供河北省借鉴的有益经验。这些有益经验①具体体现为：

（一）以技术创新引领产业全面振兴

安徽：发力大模型技术，讯飞星火联合国家智能语音创新中心开发羚羊工业大模型，包括工业文本生成、工业知识问答、工业理解计算、工业代码生成、工业多模态等 5 项核心功能，除此之外，还涌现出工业设计领域大模型、工业软件开发领域大模型、电力巡检领域大模型、设备诊断领域大模型等创新产品。

湖北：已形成"2 家国家级中心、6 家省级中心"的制造业创新中心体系架构，2023 年新培育省级制造业创新中心 11 家，累计在建数量达 16 家，包含工业互联网、大模型与算力、工业母机智能数控系统等多个领域。

河南：创新平台体系进一步完善，截至 2023 年 11 月，已培育工业装备等全国重点实验室 13 家，建设省级实验室 16 家、产业研究院 40 家、中试基地 36 家，促进实用产品的研发。

（二）资金支持

安徽：探索产业创投基金运作模式，支持国有企业设立工业互联网基金、新兴产业发展基金、产业转型升级基金等产业发展基金，支持工业互联网平台应用推广和数字化转型，促进产融合作生态良性发展。

（三）专业人才培养

天津：发布《"智汇天津"三年行动计划（2021—2023

---

① 中国信息通信研究院：《中国工业互联网发展成效评估报告（2024 年）》，2024 年 6 月，第 37—39 页。

年）》，深入实施"海河英才"行动计划和"项目＋团队"等政策，加大数字化发展各领域的人才引进、培养、激励、服务力度，落实高层次人才引进政策。

（四）产业扶持

福建：在全国率先成立省级数字经济产业工会，实现省市数字经济产业工会的全建制和全覆盖。省市两级数字产业工会覆盖385家委员单位，涵盖3.6万余家数字经济企业，推动4663家数字经济企业建会，发展24.5万余会员，基本覆盖数字经济产业链关键节点。

当然，河北省在工业互联网建设方面也取得了一些成就。例如，河北大力推动工业互联网平台建设，截至2023年底，累计培育各级各类工业互联网平台329个，入选工业互联网试点示范项目共24个，2家平台入选2023年国家"双跨"平台名单。

第二节　河北省新基建赋能对策

2023年初，河北省人民政府办公厅印发了《加快建设数字河北行动方案（2023—2027年）》，其中要求，到2025年，河北省两化融合指数要力争进入全国第一梯队，钢铁、石化、装备等重点行业的数字化转型要取得明显成效，数字经济核心产业增加值争取达到2500亿元，数字经济占GDP比重争取提高到40%。同时，该行动方案也提到了要"适度超前建设数字基础设施"。该行动方案重点任务的第一项就是实施数字基础设施建设行动，第三项则是实施制造业数字化转型行动。我们认为，新基建要有效赋能装备制造业数字化转型或促进长期的经济增长，需要满足控量提质的标准以及提升技术和人才等相关影响因素的水平。

一、依据装备制造业的需求适度控制新基建速度

虽然近年来国家提出要"适度超前发展基础设施"，但从前述的对比分析大致可看出，目前河北省新基建的核心部分（新型信息基础设施）的发展水平已相对领先于装备制造业数字化转型的水平，所以需要依据市场需求适度控制河北省新基建的投资速度。

新基建虽然对装备制造业数字化转型有直接、重要的影响，但却不是影响装备制造业数字化转型的唯一重要因素。装备制造业的数字信息技术水平、信息技术人才、数据市场发育状况、数字化转型风险、数字化转型资金、市场竞争状况和具体子产业的性质等也是影响装备制造业数字化转型的重要因素。这些因素会直接影响到新基建赋能装备制造业数字化转型的效果，如果装备制造业的数字信息技术水平偏低，或信息技术人才较缺乏，或数据市场发育不足，或数字化转型风险较高，或数字化转型资金不足，或市场竞争压力较小，或具体子产业的性质不是很适合大力推进数字化转型，都会使新基建赋能装备制造业数字化转型的效果打折扣。这里仅以信息技术和信息技术人才这两项主要因素为例。河北省人民政府 2020 年发布的《河北省数字经济发展规划（2020—2025 年）》中指出，河北省科技创新能力仍旧比较薄弱，这制约了河北省的产业升级和技术进步。在信息技术领域，河北省缺少影响力较强的研发机构和知名高等学校，高端人才聚集水平较低，尤其缺乏精通信息化与生产制造的复合型人才。上奇研究院发布的《中国数字经济产业分析报告》也显示，2022年3月至2023年2月间，河北省数字经济授权发明专利的数量在全国仅排名第18位。在赋能装备制造业数字化转型方面，新基建需要与信息技术和信息技术人才等其他影响装备制造业数字化转型的重要因素协调推进才能有更好的效果，而目前河北省信息技术和信息技术人才等方面还稍显落后，所以新基建不宜过分超前发展。

过度超前发展的新基建不仅会导致新型基础设施的部分闲置（如同前些年西部某些区域高速公路的部分闲置一样），从而导致资源配置效率下降，还有可能会导致新基建供给成本的提高。例如河北省人大代表，河北移动党委书记、董事长、总经理秦红军就曾经认为，随着5G和数据中心等新基建项目的陆续部署，河北省基础电信企业的运营成本也在快速攀升，从而影响了产业数字化进程，制约了经济转型发展[①]。当然，随着河北省数字经济的发展，还需要在新基建方面持续增加投资，但须根据数字经济发展的需要控制好投资的规模和速度。

二、有效提高新基建的微观投资效率

基础设施建设需要投入大量资金，新基建也是如此。基础设施投资对其他产业的投资和居民消费既可能产生挤入效应，也可能产生挤出效应。在投资量既定的前提下，微观投资效率

---

① 彭文君、康紫祎：《秦红军代表：加快推动新基建　为数字河北赋能》，《河北经济日报》2023年1月16日，第3版。

（企业投资效率）的提高可以增强挤入效应或减弱挤出效应。在目前的发展阶段，我国的新基建还主要以国有资本为主，而国有投资的投资效率仍有一定的提升空间。所以河北省新基建的微观投资效率的提高将挤入与装备制造业数字化转型有关的其他方面的一些投资以及部分居民消费，从而有利于装备制造业的数字化转型。

三、提升信息技术创新水平

如前所述，新基建赋能装备制造业数字化转型的效果不仅取决于新基建本身，还取决于信息技术和数字人才等一系列其他影响因素。目前河北省的信息技术水平尚需进一步提升。当然，河北省有关部门已经开始重视信息技术和数字人才等方面的问题，并且已经取得了一些成效。

在信息技术方面，河北省已有明确规划。河北省委网信委印发的《河北省"十四五"信息化规划》中就要求，要使新一代信息技术产业实现快速发展，在一些重要领域突破一批关键核心技术。河北省工业和信息化厅制定的《河北省制造业数字化转型专项行动方案（2023—2027 年)》中也提出：推动新一代信息技术产业规模扩大。实施新一代信息技术产业"倍增"行动计划，制定《关于推进新一代信息技术产业发展的工作方案》《关于加快半导体产业发展的若干政策》，建立电子信息产业重点项目库。推进光伏、集成电路等一批重点项目建设，定期发布河北省电子信息制造业"百强"企业名录，支持晶澳太阳能、中船重工 718 所等一批优势企业发展壮大，培育超百亿企业 10 家，超 10 亿企业 100 家以上。推动 20 家企业挂牌上市，引进 100 个以上电子信息重大项目。实现全省电子信息入统企业超 2000 家，主营收入达到 1 万亿元。

　　而且，河北省在信息技术发展方面也已取得了一些成就。2023 年 1 月 4 日，河北省人民政府新闻办公室召开了"河北省深入实施创新驱动发展战略　加快建设创新型省份"新闻发布会，会上发布的内容显示，河北省综合科技创新水平指数已从全国第 25 位提升至第 20 位；全社会研发经费占 GDP 的比重也已从 0.92% 提高到了 1.85%，由第 20 位提升到了第 16 位[①]。而且，一些相关资料显示，近年来河北省在 R&D 经费投入的增长速度往往要快于全国平均水平。就河北装备制造业而言，技改投资近年也保持着较高的增速和较大的投资量。2022 年 1 至 7 月，河北省装备制造业投资增速达 15.7%，技改投资增速达 37.5%；装备制造业占全省技改投资的比重为 31%，比 2021 年底提升了 1.3 个百分点；电子信息投资增速也较高，达到了 26.2%[②]。另一份近期的资料也显示，河北省新一代信息技术产业增速加快，这主要得益于大规模设备更新和消费品以旧换新等系列政策红利释放、国内消费类电子产品市场回暖、河北省促进电子信息产业高质量发展"1+5+5"政策逐步实施落地、企业信息不断增强等因素。宏启胜、云谷科技、光兴半导体等骨干企业满负荷生产，重点项目加快建设，海康威视石家庄科技园建成投产，邢东锂电即将量产，格瑞邦消费电子产业基地 8

---

①　高珊：《河北：全社会研发经费占 GDP 比重从 0.92% 提高到 1.85%》，https://baijiahao. baidu. com/s?id =1754162725835320808&wfr =spider&for =pc。

②　米彦泽：《1 至 7 月河北技改投资同比增长 27.3% 排名全国第 8 位》，https://baijiahao. baidu. com/s?id =1743442539485564997&wfr =spider&for =pc。

月底前投产，成为新增长点①。有了这些基础以后，河北省可以更好地提高信息技术水平。

同样，河北省装备制造业在参与外循环的国际产能合作中也存在着企业创新能力不足的问题。因此，河北省要采取多种手段有效提高企业的自主研发创新能力，增加对装备制造业的科研经费投入，加快技术创新和技术引进，提升产业的国际竞争力②。

四、加大数字技术人才培养力度

数字人才短缺是一个比较普遍的现象，目前河北省在数字技术人才方面也需加大培养和引进力度。

在数字技术人才方面，河北省人力资源和社会保障厅印发的《河北省数字经济领域技术技能人才培育项目实施方案》中已也提出了一些相关要求③。2024 年 6 月，为了切实发挥数字人才对数字经济的基础性支撑作用，促进数字经济与实体经济深度融合，加快形成新质生产力，加快建设经济强省、美丽河北，河北省人力资源和社会保障厅等部门又联合印发了《河北省加快数字人才培育支撑数字经济发展行动实施方案（2024—2026 年)》。该行动方案提出，用三年左右时间，扎实开展数字

① 《河北省政府新闻办"2024 年上半年河北省工业经济发展情况"新闻发布会文字实录》，http://www. hebei. gov. cn/columns/6b529089-3c22-40ef-8d24-fda72cb33bf5/202408/01/c17bef52-53d8-44f2-87f5-22b860e83db1. html。
② 冯香人、张国梅：《河北省装备制造业国际产能合作困境与对策》，《合作经济与科技》2021 年第 6 期，第 88—89 页。
③ 史自强：《河北加大力度培养数字经济人才》，https://baijiahao. baidu. com/s? id = 1764219034639778890&wfr = spider&for = pc。

人才育、引、留、用等专项行动，提升数字人才自主创新能力，激发数字人才创新创业活力，增加数字人才有效供给，形成数字人才集聚效应，着力培养造就一支规模壮大、素质优良、结构优化、分布合理的高水平数字人才队伍，更好支撑河北数字经济高质量发展。重点工作包括：（1）实施数字技术工程师培育项目。围绕智能制造、大数据、区块链、集成电路、人工智能、数据安全等数字领域新职业遴选一批数字技术工程师培育项目培训机构，用三年左右时间实现各市、雄安新区培训机构全覆盖。（2）实施数字技能提升行动。适应数字产业发展和企业转型升级需求，大力培养数字技能人才。（3）实施数字人才国际交流活动。加大对数字人才倾斜力度，引进一批海外高层次数字人才，支持一批留学回国数字人才创新创业，组织一批海外高层次数字人才回国服务，并为留学人员回国工作、创业提供咨询、推介和科技成果提供评价、开发、转让等服务。（4）实施数字人才创新创业专项行动。鼓励高校、企业创建创新创业教育实践基地等数字经济创业载体、创业学院，深度融合创新、产业、资金、人才等资源链条，加大数字人才创业培训力度，强化创业引领服务，促进数字人才在人工智能、信息技术、智能制造、电子商务等数字经济领域创新创业。（5）实施数字人力资源服务专项行动。围绕数字河北建设，积极培育数字经济专业社会组织，鼓励发展数字经济高端人才猎头等专业化服务机构，支持行业组织和各类人力资源服务机构搭建展示、交流、合作平台。依托省人才服务中心探索建立全省数字经济人才联盟。（6）实施数字人才赋能产业发展行动。紧贴企业发展需求开设订单、定制、定向培训班，培养一批既懂产业技术又懂数字技术的复合型人才，不断提升从业人员数字素养和专业水平，助力产业数字化转型和高质量发展。（7）举办数字职业技术技能竞赛活动。紧密结合数字河北建设，在全省技能大赛中设置智能制造、集成电路、人工智能、数据安全等数字职业竞赛项目。这些具体举措的逐步落实将全面提升河北省数字人才的发展水平。当然，尽管已经有了明确的规划且已取得了一些成效，但河北省在未来一段时期还需要依据装备制造业数字化转型的实际需要继续加大力度提升信息技术和数字技术人才等方面的水平。

同样，河北省装备制造业在参与外循环的国际产能合作中也存在着高端人才缺乏问题。在对策方面，为满足装备制造业对人才的需求，需要加强企业与高等院校之间的合作与交流，联合培养专业技术人才；应鼓励高校根据装备制造业的发展方向开设相应的专业和课程；完善内部职工培训、选拔、考核和评价制度，鼓励员工的技术创新；引进国外先进国家的专业技术人才和精通合作国家的法律法规、信贷、保险，具有开拓精神和国际视野的复合型人才①。

在促进技术创新和人才培养方面政府可以发挥重要的作用。政府需要和企业通力合作，联合培养，共同促进创新体系逐步形成和完善。政府应依照已制定的创新发展战略的要求，划拨专门经费，成立专项基金用于促进相关技术研究和人才培养。

---

① 冯香入、张国梅：《河北省装备制造业国际产能合作困境与对策》，《合作经济与科技》2021年第6期，第88—89页。

五、促进数据要素市场发育

如前所述，《中华人民共和国国民经济和社会发展第十四个五年规划和 2035 年远景目标纲要》第十五章的标题是打造数字经济新优势，这一章的内容中强调要充分发挥海量数据和丰富应用场景优势，促进数字技术与实体经济深度融合，赋能传统产业转型升级，催生新产业新业态新模式，壮大经济发展新引擎。一项研究显示，增加新型基础设施的数量对产业结构的影响是短暂的，并且受数据要素生产效率的调节影响①。因此河北省可以在保护个人信息隐私的前提下鼓励相关部门及相关社会组织积极开展数据采集工作，通过恰当的方式实现数据的广泛共享，提高数据的利用效率，并与新基建投资协调发展。

---

① 朱晓武、魏文石、王靖雯：《数据要素、新型基础设施与产业结构调整路径》，《南方经济》2024 年第 1 期，第 107—123 页。

主要参考文献

一、研究报告:

[1] 工业和信息化部:《"十四五"信息通信行业发展规划》,2021 年 11 月。

[2] 国家数据局:《数字中国发展报告(2023 年)》,2024 年 6 月。

[3] 中国信息通信研究院:《全球数字经济白皮书(2023 年)》,2024 年 1 月。

[4] 中国信息通信研究院:《中国工业互联网发展成效评估报告(2024 年)》,2024 年 6 月。

二、期刊论文:

[1] 操友根、黄坤耀、杜梅:《数字经济背景下中国装备制造业升级路径研究》,《中国科技论坛》2024 年第 2 期。

[2] 陈阿兴、陈星如:《数字经济驱动下装备制造业转型升级的作用机理及其实证检验》,《宿州学院学报》2022 年第 12 期。

[3] 陈楠、蔡跃洲、马晔风:《制造业数字化转型动机、模式与成效——基于典型案例和问卷调查的实证分析》,《改

革》2022 年第 11 期。

[4] 段钢、刘贤铤、黄悦：《数字基础设施建设如何影响企业新质生产力发展》，《金融与经济》2024 年第 11 期。

[5] 方晓晖、郭鸿儒、刘冲、王卓：《数字基础设施如何助力企业数字化转型？——来自企业业绩说明会的证据》，《产经评论》2023 年第 5 期。

[6] 冯正德、张错：《中国装备制造业在智能化驱动下的发展状况及问题》，《军民两用技术与产品》2023 年第 1 期。

[7] 郭先登：《论"双循环"的区域经济发展新格局——兼论"十四五"及后两个规划期接续运行指向》，《经济与管理评论》2021 年第 1 期。

[8] 韩君、王菲：《新发展阶段中国装备制造业智能制造发展测度》，《财经理论研究》2022 年第 4 期。

[9] 贺子欣、惠宁：《中国装备制造业高质量发展的测度及影响因素研究》，《中国科技论坛》2023 年第 4 期。

[10] 胡丽娜、薛阳：《政府补助对装备制造业转型升级的激励效应》，《当代经济研究》2022 年第 8 期。

[11] 姜卫民、郑琼洁、曹劲松：《区域制造业数字化转型评价体系的建构与应用》，《南京大学学报（哲学·人文科学·社会科学)》2023 年第 6 期。

[12] 李芳芳、张祎、滕可心、尹茗：《支持我国装备制造业高质量发展的财税金融政策研究》，《工信财经科技》2023 年第 4 期。

[13] 李方卓：《数字基础设施政策驱动企业数字化转型的实践逻辑和理论逻辑》，《现代管理科学》2024 年第 2 期。

[14] 刘九如：《装备制造业数字化转型的方向与路径》，《中国信息化》2023 年第 10 期。

[15] 刘军梅、谢霓裳：《国际比较视角下的中国制造业数字化转型——基于中美德日的对比分析》，《复旦学报（社会科学版)》2022 年第 3 期。

[16] 潘小燕：《装备制造业智能化转型路径及对策》，《现代企业文化》2023 年第 32 期。

[17] 潘雅茹、龙理敏：《传统和新型基础设施融合赋能双循环协调发展：测度与机制》，《改革》2024 年第 7 期。

[18] 彭志强、樊辰、张利好、谭伟林：《装备制造业创新型高技能人才群体特征和成功经验分析研究》，《科教文汇》2024 年第 7 期。

[19] 邱洋冬：《网络基础设施建设驱动属地企业数字化转型——基于"宽带中国"试点政策的准自然实验》，《经济与管理》2022 年第 4 期。

[20] 司聪、任保平：《数字经济培育中国装备制造业高质量发展新动能的路径探析》，《贵州社会科学》2024 年第 1 期。

[21] 宋虹桥、张夏恒：《数字化转型赋能新质生产力：机理、挑战与路径选择》，《北京理工大学学报（社会科学版)》2024 年第 6 期。

[22] 汤蕴懿、李方卓：《数字基础设施政策赋能企业数字化转型：演进逻辑和政策取向》，《求是学刊》2024 年第 2 期。

[23] 王海、闫卓毓、郭冠宇、尹俊雅：《数字基础设施政策与企业数字化转型："赋能"还是"负能"?》，《数量经济技术经济研究》2023 年第 5 期。

［24］王金、陈楠希、周华、熊剑：《数字经济冲击下高端装备制造业数字化转型研究》，《西南金融》2023 年第 7 期。

［25］王磊、李吉：《网络基础设施建设与企业数字化转型：理论机制与实证检验》，《现代经济探讨》2024 年第 1 期。

［26］王瑞荣、李志彬：《长三角地区数字经济对高端装备制造业高质量发展的影响研究》，《企业经济》2024 年第 3 期。

［27］王亚飞、石铭、刘静、黄欢欢：《新型基础设施建设对区域创新创业活跃度的影响研究》，《管理学报》2024 年第5 期。

［28］王艳、柯倩、郭玥玥：《数字经济驱动新质生产力涌现的理论逻辑》，《陕西师范大学学报（哲学社会科学版)》2024 年第3 期。

［29］习近平：《当前经济工作的几个重大问题》，《中国经济评论》2023 年第 1 期。

［30］徐宇辰：《中国装备制造业创新发展与国际借鉴的思考》，《中国发展观察》2022 年第 1 期。

［31］徐宇辰：《我国装备制造业发展未来产业的政策建议》，《经济》2024 年第 6 期。

［32］许吉黎、叶玉瑶、郭杰、许险峰、袁振杰：《国内外地理学视角下数字基础设施的研究进展与展望》，《地理科学》2024 年第 4 期。

［33］徐政、姬晨阳、赵子衡、林朝阳：《"三重压力"下的经济发展：表现、根源与路径》，《华东经济管理》2022 年第11 期。

［34］张红霞、黄隽：《装备制造业数字化转型及其对区域

分布的影响分析》,《中国国情国力》2023 年第 12 期。

[35] 张慧智、李犀尧:《数字化转型对企业新质生产力的影响》,《工业技术经济》2024 年第 6 期。

[36] 张秀娥、王卫、于泳波:《数智化转型对企业新质生产力的影响研究》,《科学学研究》2024 年第 5 期。

[37] 中国财科院"企业成本"调研"问卷设计与分析"专题组:《"三重压力"下我国企业的成本变动及面临的挑战——基于微观调查数据的分析》,《财政科学》2023 年第 5 期。

[38] 朱晓武、魏文石、王靖雯:《数据要素、新型基础设施与产业结构调整路径》,《南方经济》2024 年第 1 期。

[39] 钟媛媛:《装备制造业企业数字化转型路径研究》,《中小企业管理与科技》2023 年第 8 期。

三、报纸文章:

[1] 黄鑫:《推进数字基础设施体系现代化》,《经济日报》2024 年 5 月 22 日,第 6 版。

[2] 康宁、张荣鹏:《全省信息通信基础设施水平居全国前列》,《河北经济日报》2023 年 5 月 18 日,第 3 版。

[3] 米彦泽:《我省八大工业重点行业两化融合水平稳步提升》,《河北日报》2022 年 6 月 15 日,第 2 版。

[4] 彭文君、康紫祎:《秦红军代表:加快推动新基建为数字河北赋能》,《河北经济日报》2023 年 1 月 16 日,第 3 版。

[5] 田鹏:《群策群力补齐数字基础设施短板 夯实我国数字经济发展底座》,《证券日报》,2024 年 7 月 8 日,第

A02 版。

［6］徐向梅：《优化升级数字基础设施》，《经济日报》2022 年 11 月 14 日，第 11 版。

［7］袁立朋：《河北装备制造：向智升级　向新迈进》，《河北经济日报》2024 年 4 月 16 日，第 1 版。

四、网络资料：

［1］埃森哲：《2023 年中国数字化转型指数》，https://finance. sina. com. cn/tech/roll/2024-01-13/doc-inacimnm1093201. shtml。

［2］方素菊：《突破 8 万个！河北省 5G 基站新建量全国居首》，http://www. hebei. gov. cn/columns/580d0301-2e0b-4152-9dd1-7d7f4e0f4980/202405/18/610f40d9-bcab-48ed-b6db-92736722438f. html。

［3］中央党校（国家行政学院）中青二班五支部调研组：《以创新驱动推动装备制造业高质量发展》，https://baijiahao. baidu. com/s?id =1653848640586420187 &wfr =spider&for =pc。

［4］方素菊：《新建 5G 基站增幅全国第一！2023 年河北省信息通信行业完成固定资产投资 183. 1 亿元》，https://www. sohu. com/a/753260100_ 362042。

［5］国家发展改革委办公厅、国家数据局综合司：《数字经济 2024 年工作要点》，https://finance. sina. com. cn/money/future/wemedia/2024-05-07/doc-inaukcyp1990402. shtml。

［6］《国家发改委首次明确"新基建"范围》，https://m. mofcom. gov. cn/article/i/jyjl/e/202004/20200402957398. shtml。

［7］河北省工业和信息化厅：《河北省制造业数字化转型

专项行动方案（2023—2027 年）》，http://gxt. hebei. gov. cn/hb-gyhxxht/zfxxgk/fdzdgknr/gzdt68/tzgg9917/931656/inde-x. html。

[8] 河北省人力资源和社会保障厅等：《河北省加快数字人才培育支撑数字经济发展行动实施方案（2024—2026 年》，ht-tps://rst. hebei. gov. cn/pageWarp?isId =1719371092646fn6&id =1。

[9]《河北省政府新闻办"2024 年上半年河北省工业经济发展情况"新闻发布会文字实录》，http://www. hebei. gov. cn/col-umns/6b529089-3c22-40ef-8d24-fda72cb33bf5/202408/01/c17bef52-53d8-44f2-87f5-22b860e83db1. html。

[10] 焦洁、李江月：《推动数字新基建 河北在这些领域拿第一》，https://www. hebtv. com/0/0rmhlm/qy/zhb/tjdt/11329435. shtml。

[11] 李记：《〈中国企业智能化成熟度报告（2023）〉：中国企业数字化发展进入新阶段》，https://www. sohu. com/a/767281764_ 162758。

[12] 清华大学互联网产业研究院：《中国新型基础设施竞争力指数（2022）》，https://www. iii. tsinghua. edu. cn/info/1121/3247. htm。

[13] 清华大学互联网产业研究院：《中国新型基础设施竞争力指数（2023）》，https://mp. weixin. qq. com/s?__biz = Mz-IxODcyMjE0MA = =&mid =2247566986&idx =1&sn =b558e264b078 d02badc23eeafcb93cf8&chksm = 96d63b492977749fddc7087af40 e-1e9fd6dc9b643129f79e5f7539ebbe5d290fcdb74c88b16d&scene =27。

[14] 杭州数字经济联合会：《〈中国数字经济产业发展研究报告（2023）〉：产业数字化占数字经济比重提升至81. 7%》，ht-

tps://mp. weixin. qq. com/s?_ biz ＝MzU5MDc0NjU 4Mg ＝ ＝ &mid ＝2247560472&idx ＝4&sn ＝ ab09e06054e063224aec03fb4026119d。

［15］苏德悦:《〈中国数字经济产业发展研究报告（2023）〉:数字经济具有明显的"逆周期性"引领经济恢复发展》,https://www. cnii. com. cn/rmydb/202308/t20230816_ 496138. html。

［16］习近平:《发展新质生产力是推动高质量发展的内在要求和重要着力点》, https://www. gov. cn/yaowen/liebiao/202405/content_ 6954761. htm。

［17］杨光笑:《1 至 5 月河北省装备制造业增加值同比增长 13. 8％》, https://baijiahao. baidu. com/s? id ＝18033395226516 36036&wfr ＝spider&for ＝pc。